ヴィルヘルム二世　1901年（着色写真）。Alamy 提供

アントン＝ヴェルナー筆、ドイツ歴史博物館蔵。Alamy 提供

ヴィルヘルム二世によるドイツ帝国議会開会宣言　1888年。

上：ドイツの潜水艦Ｕボートに攻撃される輸送船　1917年。アフロ提供

下：Ｕボート　Alamy 提供

新・人と歴史　拡大版　31

ヴィルヘルム二世と第一次世界大戦

義井　博　著

SHIMIZUSHOIN

本書は「人と歴史」シリーズ（編集委員　小葉田淳、沼田次郎、井上智勇、堀米庸三、田村実造、護雅夫）の「カイザー」として一九七一年に、「清水新書」の『カイザーの世界政策と第一次世界大戦』として一九八四年に刊行したものに、現在用いられていない歴史的名辞のほか、表記や仮名遣い等一部を改めて復刊したものです。

はじめに

ドイツ皇帝ヴィルヘルム二世（一八五九〜一九四一、在位一八八八〜一九一八）は、日本では「カイゼル」あるいは「カイザー」の名前で通っている。肖像画をみると、先のはねあがった髭が誰にでもすぐ印象に残る皇帝で、この「カイゼル髭」がいわば彼のトレードマークである。「カイゼル」の語源はラテン語で皇帝を意味する「カエサル」であるが、この言葉はもともと、ローマの共和政末期の将軍であり政治家でもあったユリウス＝カエサル（英語ではジュリアス＝シーザー）という固有名詞に由来する単語である。ローマ帝国初期の数代の皇帝はユリウス＝カエサルの子孫で、各皇帝はカエサル家の出身であることを誇示して名前にかならず「カエサル」をつけたことから、「カエサル」はやがて皇帝を意味する普通名詞になった。そのドイツ語が「カイゼル」あるいは「カイザー」で、九六二年から一八〇六年まで続いた神聖ローマ帝国や、一八七一年以来のドイツ帝国で、「カイザー」が皇帝を意味する称号として使われた。これは、第一次世界大戦（以下第一次大戦）末期まで隣のオーストリア－ハンガリー帝国の皇帝も使用した称号であるが、それがとくにヴィルヘルム二世の固有名詞のようなイメージとなったのは、一九世紀末から第一次大戦にかけての新興ドイツを象徴する人物としてヴィルヘルム二世の役割の大きさが強烈に人々に印象づけられたからである。

さらに、「カイザー」には第一次大戦をひきおこした元凶というイメージがつきまとっているが、その出所は第一次大戦でドイツと戦った連合国側にある。この説が妥当であるかどうかを考えてみることも本書の課題の一つで、出生、成長、即位から三〇年にわたる治世をへて、やがて第一次大戦に敗れて退位し、亡命先のオランダでこの世を去るまでの「カイザー」の歩みを通して、その時代のドイツの主要な動きをたどりつつ、世界史における「カイザー」の役割を考えなおしてみたい。なお、「カイザー」はドイツやオーストリアではどの皇帝にも使用できる称号であるが、本書では、便宜的に他の皇帝と区別して明示するために、「カイザー」はヴィルヘルム二世をさす場合にのみ使用することとし、さらに即位以前の彼についてもこの表現を用いることにしたい。それとともに、彼は英語ではウィリアム二世、また、フランス語ではギョーム二世と呼ばれるが、この発音の表現をも加えると、別人かと誤解を招くおそれがあるため、本書ではドイツ語のヴィルヘルム二世という表現のみで通すことにしたい。

要するに、ヴィルヘルム二世とその時代をたどることが本書の目的であるが、そのためには、結局は広い視野で第一次大戦およびその前史の研究に向かわなければならない。そこで、本書は巻末に、「第一次世界大戦の研究史」を付録した。研究史の現状を熟知することが今後の研究への手掛りをつかむための一助となると考えたからであり、この点に本書の特色の一つがある。

目次

III　包囲体制下のドイツ

サンクト=ペテルブルク
(ペテログラード)
ストックホルム
モスクワ
バルト海
ロシア帝国
タンネンベルク
ワルシャワ
ブレスト-リトフスク
ウィーン
ブダペスト
オーストリア-ハンガリー帝国
ルーマニア王国
ブカレスト
黒海
サライェヴォ
セルビア王国
ブルガリア王国
ソフィア
イスタンブル
アルバニア
モンテネグロ王国
ギリシア王国
オスマン帝国
アテネ
海
キレナイカ
エジプト
カイロ

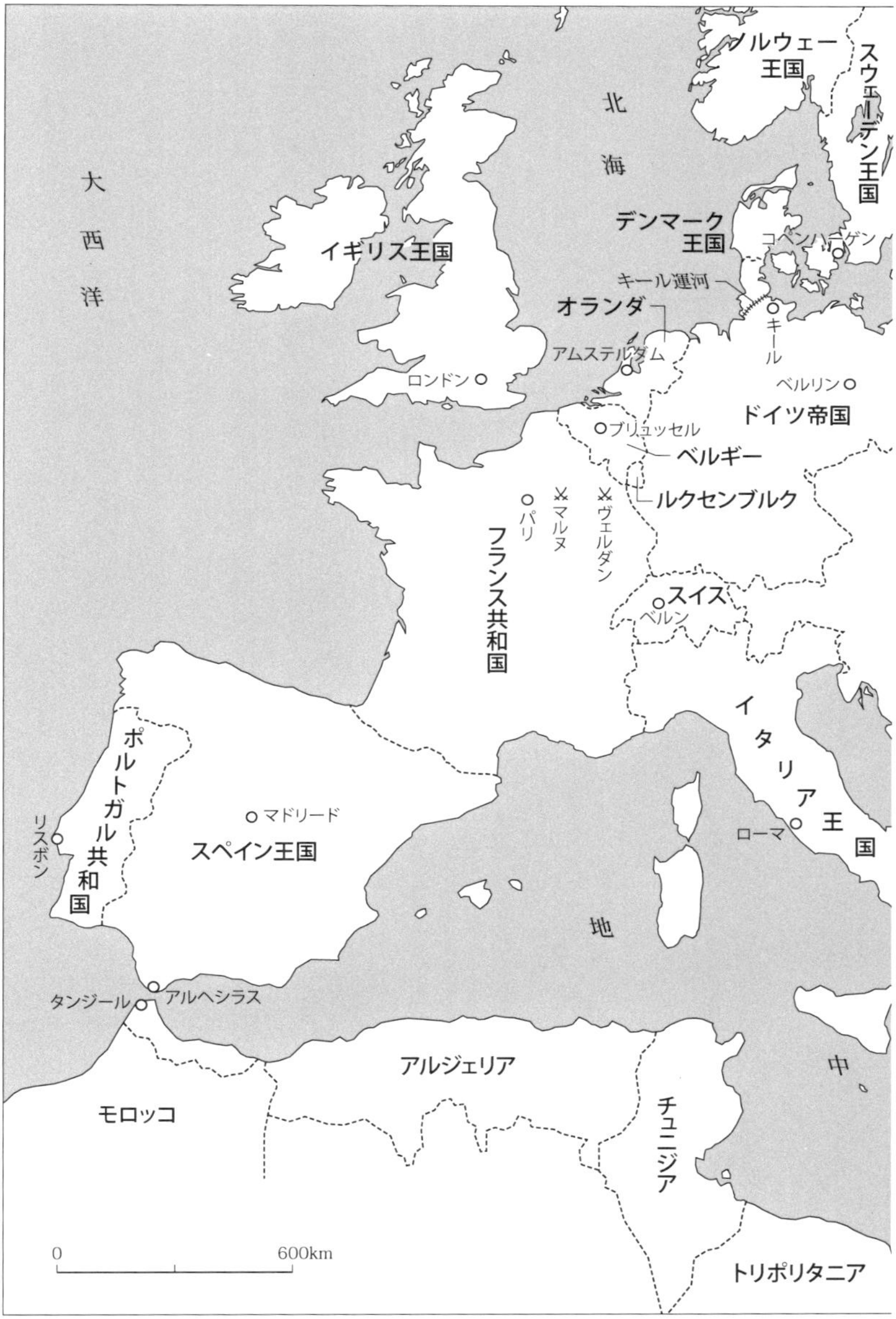

第一次大戦時のヨーロッパ

I
カイザーの世界政策

ビスマルクとカイザー

❖ドイツの統一とカイザー

ひとの性格は家庭環境の感化の大きさはもちろんのこと、さらにそのひとの幼少期から青年期にかけて時代環境から受ける影響が考えられる。ヴィルヘルム二世（カイザー）は一八五九年一月二七日に、のちの第二代目のドイツ皇帝となるフリードリヒ三世（一八三一～八八）を父として、イギリス王女ヴィクトリア（一八四〇～一九〇一）を母として、ベルリンのウンター＝デン＝リンデンで生まれた。彼が生まれたころのプロイセン（プロシア）では、三月革命後の四九年にフランクフルト国民議会で選出されたにもかかわらず王冠の受諾を拒み「王座のロマン主義者」として知られたフリードリヒ＝ヴィルヘルム四世が病み、五八年に弟ヴィルヘルムが摂政の位に即くという出来事があった。この摂政がのちの第一代ドイツ皇帝ヴィルヘルム一世（一七九七～一八八八、在位プロイセン国王一八六一～八八、ドイツ皇帝一八七一～八八）で、カイザーの祖父に当たる。ヴィルヘルム一世のもとにドイツが民族国家としての統一を実現するのは七一年のことであるから、カイザーの生まれたころのドイツはまだ領邦国家体制の時代で、カイザーはそのなかの軍国主義の雄邦プロイセンのホーエンツォレルン王家に生を受けたのであった。

ところで、一九世紀のドイツの直面した問題を知るためには、まず、ナポレオンの侵略によって混乱したヨーロッパの後始末をつけるために開かれた一八一四〜一五年のウィーン会議から考えてみなければならない。この会議の結果、ドイツは統一国家の建設をみとめられず、オーストリアやプロイセンなどの三五の領邦国家と四自由市でドイツ連邦を組織するということになり、事実上分裂状態がそのまま放置された。その後ヨーロッパの各地で高まった自由主義や民族主義の風潮のなかでドイツでも統一運動が活発になり、三四年には、プロイセンの主唱のもとに関税同盟を結成して、統一への経済的な地ならしが進められた。

だが、四八年、フランスの二月革命がドイツに波及し、ウィーンやベルリンの三月革命でオーストリア宰相メッテルニヒが失脚したあと、五月にマイン河畔のフランクフルトで国民議会が開かれ、ドイツの統一問題が討議された。その際、オーストリアを盟主とする大ドイツ主義とプロイセンを盟主とする小ドイツ主義の論争が激しくかわされ、会議は紛糾した。翌年、ようやく憲法が制定され、プロイセン王フリードリヒ＝ヴィルヘルム四世がドイツ皇帝に擁立されることに決まったが、肝心のプロイセン王自身がその受諾を拒んだために、統一運動は頓《とん》挫《ざ》した。

カイザーが生まれたのはドイツのこのような状況のなかであった。彼の誕生前後の時期の重要な出来事にはクリミア戦争(一八五三~五六)とイタリア統一戦争(一八五九)があり、一八五〇年代から六〇年代にかけてのヨーロッパでは、フランスのナポレオン三世(在位一八五二~七〇)が野心的な外交をつぎつぎと展開していた。このような国際環境のもとで、六一年一月七日、カイザーの祖父ヴィルヘルム一世がプロイセン王として即位し、翌年オットー=フォン=ビスマルク(一八一五~九八)がプロイセンの宰相に登用された。ユンカー(土地貴族)のビスマルクは鉄血政策を進めてドイツの統一を達成しようとはかり、議会の反対をおしきって軍備を拡張する一方で、外交活動に敏腕を振るった。小ドイツ主義のビスマルクはオーストリアを挫《くじ》くために、六六年、シュレスヴィヒ・ホルシュタイン二州の処分問題を種にオーストリアに対して戦争をしかけ、七週間でこれを破った。この普墺戦争(プロイセン-オーストリア戦争)の敗戦により、オーストリアはもはやドイツの中心的指導国家の地位に留まることができなくなった。

ついで、ビスマルクはドイツの統一を阻むフランスとの戦争に備え、オーストリアに対する講和のプラハ条約をできるかぎり寛大な条件でまとめるとともに、プロイセンに協力したイタ

ヴェルサイユ宮殿鏡の間

リアにはヴェネツィアをあたえ、フランスの外交的孤立化をはかった。当時、ナポレオン三世はメキシコへの出兵に失敗して人望を失っていた。ビスマルクは七〇年、たまたま発生したスペインの王位継承問題をめぐるトラブルを契機として、エムス電報事件をたくみに利用してフランスを開戦に誘った。プロイセン軍は参謀総長モルトケ（一八〇〇～九一）の指導のもとに各地でフランス軍を破り、ナポレオン三世をスダン（セダン）に包囲して降伏させた。普仏戦争（プロイセン-フランス戦争）の終結に先立って、翌七一年一月一八日には、パリ郊外のヴェルサイユ宮殿の「鏡の間」で、ドイツ帝国の成立が宣言され、プロイセン王ヴィルヘルム一世が初代皇帝の位に即いた。

カイザーはドイツ統一のこの激動期に成長した。普墺戦争のケーニヒグレーツの戦勝は七歳のときのことであり、ついで、普仏戦争に勝利しドイツ帝国の建設をみたのは一二歳のときであった。少年時代に見聞したこれらの戦勝とビスマルクの強力な政治指導はカイザーの人格形成にすくなからぬ影響をあたえた。

❖伝統に反した両親

カイザーは誕生の年の一八五九年三月五日に洗礼を受けてフリードリヒ＝ヴィルヘルム＝ヴィクトル＝アルベルトと名づけられ、ポツダム宮殿で育てられた。早くも六歳の幼いときから軍隊式のスパルタ教育を受けている。六九年一月二七日に一〇歳の誕生日を迎えると、プロイセン王室のしきたりに従い直ちに陸軍少尉に任官し、近衛歩兵第一連隊第一中隊付を命ぜられた。その翌年に勃発した普仏戦争には、彼は年少のために従軍を許されず、負けん気の軍人気質から取り残された身の無念を訴えたという。

カイザーの少年期はこのような時代であったから、彼はフリードリヒ大王（在位一七四〇〜八六）の軍国主義を讃美する念をもっていた。しかし、彼の両親はホーエンツォレルン王家の伝統に反して自由主義的であった。母のヴィクトリアはイギリス女王ヴィクトリアの長女で、名前もおなじである。そこで、彼はのちのイギリス国王エドワード七世（在位一九〇一〜一〇）の甥に当たり、また、そのあとをついだジョージ五世（在位一九一〇〜三六）の従兄弟《いとこ》にも当たる。さらに、ロシア皇帝（ツァーリ）ニコライ二世（在位一八九四〜一九一七）とも従兄弟同士の間柄になる。

ヴィルヘルム二世(カイザー)系図

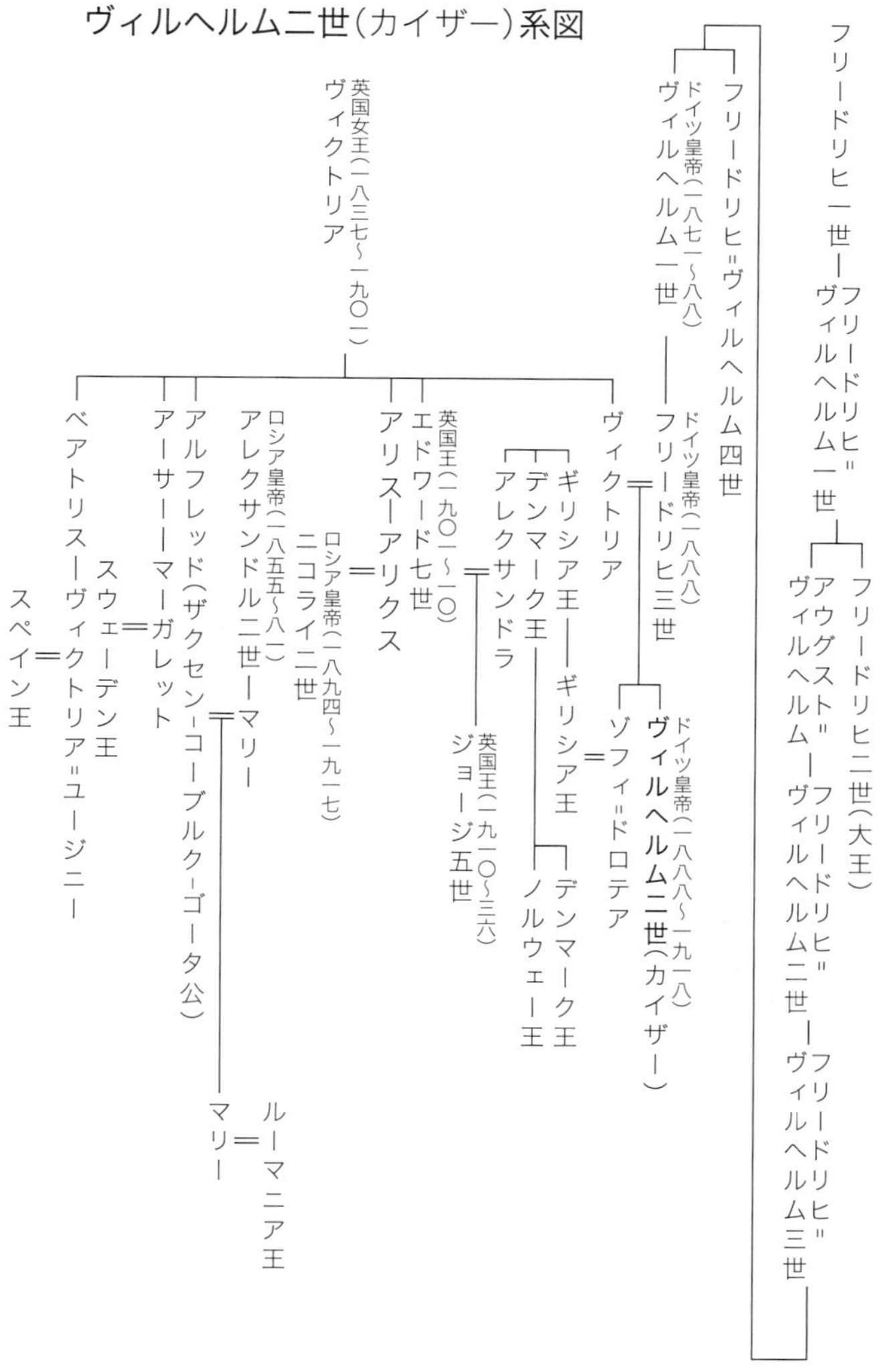

学生時代のカイザー

ところで、母ヴィクトリアは里方であるイギリスの議会政治に誇りをもっていて、ビスマルク崇拝熱に対して批判的であった。ドイツ皇帝ヴィルヘルム一世のもとで五七歳まで皇太子であった父フリードリヒ＝ヴィルヘルムも妻ヴィクトリアの影響を強く受けていて、ヴィルヘルム一世やその周辺から非プロイセン的とみなされていた。

両親はカイザーに市民的教育をあたえるため、一八七四年九月一日に信仰告白式を終えると、すぐにカッセルのギムナジウム（中学校）に入学させ、ホーエンツォレルン王家では初めて、一般市民の子弟と机を並べて教育を受けさせた。この家風に背いた教育のやり方に対して、祖父のヴィルヘルム一世や帝国宰相ビスマルクが反対であったことはいうまでもない。カイザーが学科のなかで最も得意としたのは語学で、英語、フランス語はもちろん自由自在であり、そのほかギリシアの古典にも親しんだ。自然科学にも関心を示したが、とりわけ歴史に興味をもった。

七七年一月、カイザーは三年の勉学を終えて、一八歳でこの学校を卒業した。ドイツでは男子は一八歳で成年に達することになっており、彼は祖父ヴィルヘルム一世から黒鷲勲章を、また祖母に当たるイギリス女王ヴィクトリアからガーター勲章を贈られた。同年二月、陸軍中尉に昇進し、近衛第一連隊第六中隊に配属されてふたたび軍務に従事したが、同年秋、ボン大学に入学し、在学二か年のあいだに国際法・哲学・文学・経済学などを学んだ。ついで、八一年二月二七日、カイザーは二二歳で、シュレスヴィヒ=ホルシュタイン=ゾンダーブルク=アウグステンブルク公女のアウグスタ=ヴィクトリアと華燭《かしょく》の典をあげ、ポツダムの大理石王宮で新婚生活にはいった。翌年、長子フリードリヒ=ヴィルヘルムが生まれている。

❖驕慢なカイザー

カイザーはこのように、両親の教育方針によって市民的教育を受けたにもかかわらず、両親の自由主義思想やイギリス崇拝にはなじまず、むしろ祖父ヴィルヘルム一世や鉄血宰相ビスマルクを尊敬していた。その理由は彼の育った家庭生活のなかの悩みから考えることができる。不幸なことに、彼は生まれつき左腕の発育が悪く、短くてやせ細っていた。自己の尊厳を気にする彼が左手のきかないことを隠すのに費やした苦心は並たいていのものでなく、さまざまな工夫をこらして熟練の末、馬を乗りこなすことができるようになったほどである。彼の驕慢《きょうまん》な人となりは、この身体上の秘密と無関係には考えられない。母のヴィクトリアは自分の生んだ子供でありながら、息子の身体上の障害をひそかに嫌っていた。感受性の強い少年に母のこの気持が伝わらないはずはない。彼は母の冷たさに反感をいだくとともに、母のいいなりになっている父にも好意をもてず、祖父の声望と帝国宰相の権威にかくれて五六になるまでかすんでいた父に対して、尊敬の念が湧かなかった。

このように、彼は家庭で父母に愛されずに育ち、父も彼の行動に批判的な眼を向けていたことは公然の秘密であった。彼の家庭教師（教育係）ヒンツペーターも凡庸の人物であり、しかも、結婚も愛情の結果でなくて、周囲の決めたものであった。これらの要因が積み重なって彼を自己中心的な人間に成長させることになったとみてよい。

小人に囲まれて成長したなかで、カイザーはただひとり、オーストリア大使などを勤めた一二歳年上のフィリップ＝ツー＝オイレンブルクに対してだけは心から信頼の情をいだいていたようである。彼の自ら選んだ友人ヴァルダーゼー（一八三二〜一九〇四）は、モルトケやローンのような誠実な軍人ではなく、陰謀家であった。カイザーの頭脳は怜悧《れいり》であるが、行動が軽薄とか驕慢などとかくの批評を受けるのは、人間形成のこのような不幸の集積の所産と考えられる。

なお、一八八二年にモルトケの参謀次長になったヴァルダーゼーはプロイセンの将軍の家庭に生まれた軍人であるが、八三年には参謀総長の帷《い》幄《あく》上奏《じょうそう》権を制度化した実力者であって、政治に強い関心をもっていた。八八年にモルトケがヴィルヘルム一世の死去を機会に参謀総長を辞任すると、ヴァルダーゼーはその後任となった。彼は、ビスマルクの外交政策の深謀遠慮をみとめる識見はなく、ただ自己の政治勢力を固めて新帝ヴィルヘルム二世をあやつろうと考えていた。カイザーの信頼したヴァルダーゼーはこのような策士であったのである。

❖ビスマルクの外交

ところで、カイザーの一〇代から二〇代にかけての時期のドイツはどのような国際的地位にあったか。その説明のためには、普仏戦争後のビスマルク外交の展開をふりかえってみる必要がある。

ドイツ帝国建設後の帝国宰相ビスマルクの外交の目標はフランスを国際的に孤立させて復讐戦争を断念させることにあり、そのためにバルカンでのオーストリア-ハンガリーとロシアの対立の緩和をはかり、両国をドイツに依存させるように仕向けた。一八七三年のホーエンツォレルン・ハプスブルク・ロマノフの三王家を結びつけたドイツ・オーストリア-ハンガリー・ロシアの三帝同盟の締結がその第一歩であった。しかし、この同盟は、露土戦争の講和条約のサン-ステファノ条約を廃棄させるために開かれた七八年のベルリン会議の際、ロシアがビスマルクの態度に不満をいだいて瓦解《がかい》した。だが、ドイツは、八一年にこれを復活させることに成功した。三国の関係は、とくにバルカンでのロシアとオーストリア=ハンガリーとの関係の悪化によって微妙であった。ともあれ、八四年に同盟は更新されて、八七年まで存続し、ドイツの安全保障に役立った。

ビスマルクのいま一つの関心の的はイタリアの動静についてであった。イタリアは七〇年の国家統一のあとでも南チロルやトリエステにイタリア人が居住していながら、オーストリア領になっていることを不満として、これをめぐりオーストリア=ハンガリーとのあいだは不和であった。ビスマルクは、こうしたことからイタリアがフランスに接近することを警戒していた。たまたま八一年、フランスが北アフリカのチュニジアに遠征軍を送って保護国にしたことによって、イタリアがフランスに反感をもった。ビスマルクはこの好機をとらえてイタリアに対しオーストリア=ハンガリーとの利害の調整を説得し、八二年にドイツ・オーストリア=ハンガリー・イタリアの三国同盟を締結させることに成功した。

三帝同盟と三国同盟の成立によって、ビスマルク体制の枠組みがほぼ完成したが、ビスマルクはさらに八七年に種々の条約を結んで体制を補強した。すなわち、ビスマルクはまず二月二〇日に三国同盟を更新し、ついで三月にかけてイギリス・オーストリア=ハンガリー・イタリアの三国のあいだで、ロシアを牽制するために地中海協定を締結させた。これによりドイツはイギリスとも間接的に了解関係にはいることができた。続いて五月には、ビスマルクはスペイン・イタリア・オーストリア＝ハンガリー・ドイツの四か国のあいだにも、ほぼおなじような内容の地中海協定を成立させた。

その当時はブルガリア問題をめぐりロシアとオーストリア＝ハンガリーとの対立が深刻になっており、三帝同盟の継続は不可能になった。そこで、六月一八日、ビスマルクはそれに代わるものとしてロシアとのあいだに再保障条約と呼ばれる秘密条約を結ぶことに成功し、かろうじてロシアをドイツの側に引きとめることができた。この条約は、ブルガリア問題の処理やボスフォラス・ダーダネルス両海峡地帯への進出について、いずれもドイツがロシアを支持することを秘密覚書の形で約束したものであった。

このようにして、ビスマルクはイギリス・オーストリア＝ハンガリー・イタリア・ロシアといったヨーロッパ列強の四か国をたくみにドイツの側に引きとめてフランスを孤立させ、ドイツの地位を安泰に保つことを達成した。しかし、八八年に青年皇帝ヴィルヘルム二世が即位し、ついで九〇年にビスマルクが辞職すると、ヨーロッパの国際関係は一変するのである。そこで、つぎにビスマルクの辞職とそれにともなう国際情勢の変化を調べてみる必要がある。

ビスマルク（右）とカイザー

❖反ビスマルク派と社会主義者鎮圧法

一八八八年三月九日、老帝ヴィルヘルム一世が九一歳を目前にして崩御し、五七歳の皇太子がフリードリヒ三世として即位した。ところが第二代皇帝もすでに不治の病（喉頭《こうとう》癌）におかされていて、わずか九九日の治世ののちに老帝のあとを追った。ドイツ帝国はおなじ年にふたりの皇帝を失うという偶然の不幸が続き、帝位は一挙に孫のヴィルヘルム二世に継承されることになり、六月一五日、二九歳の新帝が誕生した。新帝は覇気満々で、いっさいの政策を自らの手によって決定しようと考えていた。そのために、即位後まもなく、老宰相ビスマルクとのあいだに対立が発生した。

そもそも、プロイセン君主政を中核にしてドイツを統一したビスマルクは、自らの出身の基盤であるユンカーやその他の保守主義者の利害のみでなく、新興ブルジョワ層や自由主義者の

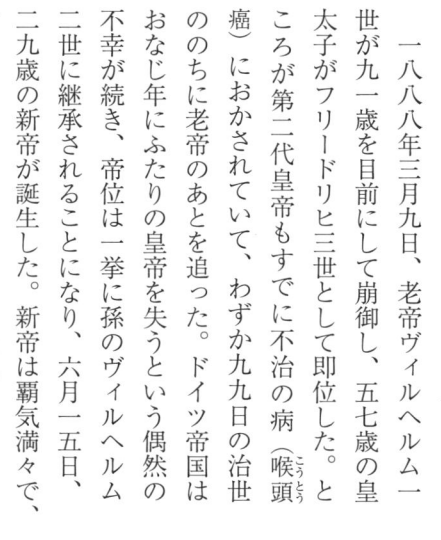

利害をも顧慮して、ドイツ帝国をリードしてきた。だが、彼の外交政策の基本の一つをなす親露政策は、ユンカーや土地所有者の利害の保証と両立しなくなっていった。一八八〇年代に穀物価格が下落すると、これを契機としてロシアから穀物を輸入することやベルリンでロシアの公債を引き受けることに反対する勢力が台頭し、ビスマルクの親露政策は基礎をゆさぶられることとなった。反露派は参謀本部に結集しており、その中心にはカイザーの寵臣ヴァルダーゼーがいた。

ビスマルク反対派はそのほかにもあった。カイザーの母がビスマルクに批判的であったことはすでに指摘したが、さらに、外務省の参事官で、策士として知られたホルシュタイン（一八三七〜一九〇九）も、ロシアとオーストリア＝ハンガリーを同時につなぎとめようとするビスマルクの同盟政策に対して内心冷やかに眺めていた。

たまたま、一八八九年五月、ルール地方の炭坑で未曾有の大ストライキが起こった。これはまたたく間に、ラインラント＝ヴェストファーレン、ザール、ザクセン、シュレジエンなど全ドイツの炭坑に拡がり、第一次大戦前のドイツの最大のストライキとなった。これに対して、カイザーは少年時代の教育係ヒンツペーターらの助言を容れ、労働時間の短縮、労資調停機関の設立などを内容とする労働者保護立法を実施して解決を図ろうとした。だが、労働者保護立法に反対のビスマルクは、むしろストライキを長びかせ、それを契機として強硬な弾圧に乗り出そうと考えていたので、カイザーの収拾策に反対した。しかし、この問題ではカイザーが自己の主張を通し、九〇年二月四日、労働者保護立法に関する勅令を発布した。

ところで、この二月勅令には労働問題に関する国際会議の召集が準備されていたが、これを社会主義者に対する弱腰と考えていたビスマルクはこの種の国際会議を頓挫させるために、ひそかにスイスとフランスに働きかけて妨害工作を行った。カイザーがこのビスマルクの陰謀を知った正確な日付は明らかでないが、この背信行為がビスマルク罷免の決意を固める決定的な契機の一つとなったと思われる。

一方、ビスマルクはこのストライキで高まったブルジョワジーの危機感を利用して社会主義《ゾツィアリステン》者《ゲゼッツ》鎮圧法を無期限に永続するよう改訂を考えていた。だが、その法案の取り扱いをめぐる帝国議会の審議状況はビスマルクにとって決して有利な情勢ではなかった。七八年に成立したこの法律に対して、帝国議会はいつも短期間に限って延長をみとめてきたので、九〇年九月三〇日にまた満期が予定されていた。そこで、ビスマルクは八九年一〇月二五日、この法律の無期限化、ならびに社会民主党員《ゾツィアルデモクラート》を居住地域から追放する権限を警察にあたえるという、いわゆる「追放条項」の付帯された政府原案を帝国議会に上程した。帝国議会はその審議をめぐり紛糾したが、ついに九〇年一月一五日にこれを否決した。さらに、その直後の二月二〇日の総選挙では、ビスマルクの与党であった国民自由党、自由保守党、保守党のいわゆるカルテル三党が敗れ、社会主義者鎮圧法に反対していた社会民主党が一五〇万票を得て躍進したのである。

❖ビスマルクの失脚

この総選挙の結果はビスマルクが帝国議会の信任を失ったことを意味する。だが、最高の行政機関としての帝国宰相は皇帝に対してだけ責任をもつもので、帝国議会に対して責任はない。これが、当時のドイツ帝国の特質で、宰相は責任内閣の組織者ではないから、帝国議会の支持を失ったとしても、法制上はビスマルクの地位は何の影響も受けなかった。だが、ドイツ帝国の憲法によると、統治権はすべて皇帝にあるから、帝国宰相といえども、皇帝の意のままに罷免されることになる。何びとといえども、ひとたび皇帝の信任を失うと、その地位に留まることはできない。こうしたことが急速にビスマルクに対して、現実となって現れてくるのである。それとともに、統帥権の独立の保障されていたドイツ帝国にあって、参謀総長ヴァルダーゼーが反対派のカイザーの側近であったということは、ビスマルクの地位の維持にとって不利であった。強大な権限をもつ軍部の協力なしにドイツ帝国を運営することは至難のわざであった。

ビスマルクも延命策をはかり、地位の保全に乗り出した。彼は中央党《ツェントルム》の党首ヴィントホルストに会見し政府支持の多数派を組織するように協力を求めたが、これは、かえって「陰謀」と受けとったカイザーの怒りを招き、ビスマルクにとってはマイナスになった。そして致命的な問題に発展したのはそのころ行われていたロシアの演習についての情報の上奏問題である。カイザーは、これをドイツに対するロシアの戦備促進とみる外務省からの報告を耳にしたとき、これを秘して上奏しないのはビスマルクの専断的態度の表れとして激しくとがめた。たまたま、この時ビスマルクは、帝国宰相に知らさずには何事も各省の大臣は皇帝に直接上奏することはできないと規定していた五二年のプロイセンの旧法を新たに復活しようとしていたから、いっそうカイザーの逆鱗《げきりん》に触れる結果となり、ここにビスマルクはカイザーから、これを廃止するか、そうでなければ、辞職するか、その二者択一を迫られることになった。

「ホーエンツォレルン家とビスマルク家のいずれが帝国を統治すべきか」という対決はビスマルクの辞職によって落着した。三月一八日、ビスマルクは長文の辞表をしたため、カイザーのもとに届けた。これが、ビスマルクの失脚であり、ここに六二年、プロイセン宰相に就任以来二八年にわたったビスマルク時代は終わった。ビスマルクの失脚は、一般には、以上にみたような社会立法の問題をめぐる両者の見解の相違から引きおこされたとみられている。だが、この問題は両者の体質から考えると単なる口実に過ぎなかったとも思われ、結局は、カイザーが親政を行うに当たって妨害物を排除したというのが真相ではなかったかと考えられる。

親政の開始

❖ロシア関係の大転換

一八九〇年前後の国際関係の変化のなかで最も重視すべきことはドイツとロシアの関係である。両国は三帝同盟や再保障条約によって政治的に結ばれていたけれども、その関係は極めて不安定であった。

その一つは、ロシアの穀物のドイツへの輸入の激増が、ドイツの農業経営者のユンカーにとって大きな脅威となったことにともなって起こってきた問題である。そこでドイツは、七七年にいわゆるビスマルク関税を制定して農産物に関税を課し、農場主ユンカーの利益を保護する施策をとった。それに対抗してロシアのほうでもドイツの工業製品の流入を阻止するために保護関税政策をとった。

いま一つはロシアの外債問題である。ロシアはドイツから資本を導入して鉄道建設を促進し、それにともないロシアで鉄道網が整備されていった。そうしたことはドイツの軍部にとっては、ドイツ資本が敵国を戦略的に援助していることを意味し、ジレンマを感じた。そこでビスマルクはユンカーの反露的傾向におされ、八七年一一月一〇日、ドイツ帝国銀行のロシア証券に対する貸付禁止令を発し、ロシアの有価証券をベルリンの取引所から駆逐する措置をとった。ドイツがロシア公債の引き受けを阻止するこのいわゆるロンバルトーフェアボートという措置をとると、ロシアは直ちにパリに傾いた。ロシアとフランスの接近の機運はこのように金融関係からかもし出され、やがて、これが露仏同盟の締結に発展していくのである。露仏同盟の成立事情を調べる前に、露独再保障条約不更新の問題をみておかなければならない。

露独再保障条約の満期は九〇年六月一八日であったが、ビスマルクがこの条約の更新を希望していたことはいうまでもない。ロシア側でも、皇帝アレクサンドル三世（在位一八八一～九四）や外相ギールスはその継続に異存はなく、九〇年二月一〇日、駐独ロシア大使シュヴァーロフは正式にそのロシアの意向をビスマルクに通告してきた。

ところが、この交渉はビスマルクの辞職問題と重なった。三月一八日、ビスマルクはカイザーと衝突して辞職した。その直後の三月二一日、カイザーはシュヴァーロフと会見し、条約を予定のとおり更新すると保証した。三月二二日、カイザーはヴァイマル大公にあて、「国家という船の当直勤務がまわってきた。航路はもとのとおり、全速力前進」という内容の電報を打っている。ビスマルク失脚以後のドイツの対外政策を名づけて「新航路」というのは、ここから由来する。このとき、カイザーは「航路はもとのとおり」といったにもかかわらず、そのわずか数日後の三月二七日には、もとの航路からはずれて露独再保障条約の不更新に同意し、対外政策の重大な転換を決断するのである。カイザーの変化はいかなる事情によるものであったか。

ビスマルクに代わって帝国宰相の地位についたレオ＝フォン＝カプリヴィ（一八三一～九九）と、三月二六日に退官したビスマルクの息子ヘルベルト＝フォン＝ビスマルクの後任外相マルシャル＝フォン＝ビーバーシュタインとは、ともに政治上外交上の識見を何らもっておらず、複雑なビスマルク体制を継承する自信がなかったから、外交政策の決定には自然に専門家である外務省参事官ホルシュタインの進言に依存する度合いがふえた。三月二三日に外務省で属僚会議が開かれ、その席上で外務次官ベルヘムと参事官ラシュダウは、不更新を説くホルシュタインの主張を容れ、露独再保障条約はオーストリアやイギリスとの親善と両立しないから、廃棄すべきであるという結論に達し、三月二五日には、その討議内容を覚書にまとめてカプリヴィ帝国宰相に提出し、承認を得た。ビスマルクの親露政策の理解者であった駐露ドイツ大使シュヴァイニッツも不更新に賛成したので、カイザーもその方針をみとめ、これまでの意見を一変してロシアとの友好は保ちたいが、このような秘密条約は更新しないという決断を下した。三月二八日、ドイツは正式にこの決定をシュヴァイニッツ大使を介してロシアに通告した。

❖露仏同盟の成立

このようにして、露独再保障条約は一八九〇年六月一八日に失効し、ビスマルク体制の重要な柱がとり払われた。それについで、九一年五月六日、ドイツが三国同盟を一二年間という長期の期限で更新すると、ロシアはその対外政策を抜本的に再検討すべき必要に迫られ、フランスとの友好関係の樹立を急ぎ、両国は同年八月二七日にまず政治協定を締結した。けれども、この協定は両国のあいだの和親の原則について合意に達したという程度の漠然としたものであったから、フランスはつぎに国際的孤立の状態を脱却するために、相互の軍事援助をふくむ密接な同盟の締結を積極的に求めた。やがて九二年八月一七日、両国参謀本部のあいだで軍事協定が調印された。もっとも、両国はこのように接近したにもかかわらず、ロシア皇帝とロシア外務省は革命の国フランスとの全面的な結合関係にはいることを最後までためらい、皇帝の批准を得、両国の覚書の交換を完了し、正式に露仏同盟が成立したのは、九四年一月四日のことであった。この同盟は秘密同盟で、三国同盟が存在するかぎり継続することが約束されていた。九五年一月、フランス首相リボーがその存在を暗示的に言及したことはあったが、全面的に内容が公表されたのは一九一七年のロシア革命後のことである。

ともあれ、露仏同盟の成立は、これまでのドイツを中心として構成されてきたビスマルク体制下の一元的外交網の崩壊を意味する。いまや、ヨーロッパの国際関係はドイツ・オーストリアーハンガリー・イタリアの三国同盟と、ロシア・フランスの二国同盟、ならびに、「光栄《スプレンディッド》ある孤立《アイソレーション》」を誇るイギリスというう いわば三者鼎立《ていりつ》の新段階へと移行していくのである。

❖カプリヴィとホルシュタイン

ところで、ビスマルクの後継者として軍部の支持を受けて帝国宰相の地位に就いたカプリヴィは、早くからモルトケにみとめられ、普仏戦争で名をあげた軍人であった。彼は一時期陸軍軍人のまま海軍軍令部長の地位に就き、海軍の育成に努めたこともあるが、その後陸軍に復帰して、軍団長の要職にあった。彼は政治の経験はなく、自ら政治の素人であることをみとめていたが、ビスマルクは彼をモルトケ参謀総長の後任に推そうとしていたし、また、老帝ヴィルヘルム一世は彼をビスマルクのあとをつぐ帝国宰相と考えていた。一八九〇年二月八日にビスマルクが彼をプロイセン首相として推挙したことが示すように、彼には敏腕の行政官という評判はあったが、彼を帝国宰相に任命したカイザーは、何よりも彼の皇帝への忠誠心に期待をかけた。カイザーは軍人として服従に慣れていた彼を駆使して親政の実をあげようと願っていたと考えられる。

九一年は大凶作で、穀物価格が暴騰した。このような急激な価格変動のなかで、帝国宰相カプリヴィの実施した通商政策は注目に値する。九一年一二月に可決されたオーストリア－ハンガリー・イタリア・ベルギー・スイスとのいわゆる大通商協定、九三年一二月に成立したルーマニア・セルビア・スペインとのいわゆる小通商協定、九四年三月に成立したロシアとの通商協定――これらはいずれも穀物関税をトン当たり五マルクから三・五マルクに引き下げる通商政策である。そのうちカプリヴィが最も重視した条約は、三国同盟に加盟しているオーストリア－ハンガリーとイタリアとの通商条約であった。彼は、九一年八月二七日に政治協定を締結し露仏接近のムードの高まっていた情勢を意識し、経済的利益共同体を結成することにより、三国同盟の結束を強化したいと願っていた。

ところで、関税の引き下げは農業（ユンカーを中心とする地主層）を犠牲にすることになるが、これによって、穀物輸出国がドイツに対する反対給付として工業関税を引き下げると、ドイツの工業製品の輸出が促進される。その結果、当時、列国の関税戦争によっていたるところで製品を閉め出されていたドイツの工業（資本家階級）を救済し、列国との経済関係の密接化をはかることができる。関税引き下げのねらいはここにあった。カプリヴィはさらに、露独再保障条約の消滅により、ロシア・フランスとの両面戦争の危険の増大を感じとり、九三年秋には、陸軍拡張法を成立させ、常備軍の増強をはかった。だが、地主層の支持のないカプリヴィ政権は、しょせん、長続きせず、在任四年ののち九四年一〇月二九日に退陣した。

一方、ビスマルクの失脚とともに、カイザーの親政時代にはいったにもかかわらず、ドイツの外交政策は意外にも外務省の一下僚によって左右されていた。参事官ホルシュタインがその中心である。彼は「偉大なる影武者」（外務省情報局長オットー＝ハンマンの評言）であるとか、「悪魔のような陰謀家」（イギリス国王エドワードの評言）といったとかくの批評のある人物で、「灰色の猊下《げいか》」とも呼ばれていた。彼は独特の能力をもっており、一九〇六年に失脚するまでの一五年ものあいだドイツの外交を裏からあやつった。たとえば、ビスマルクの失脚直後には、政治的経験をもたないカプリヴィ帝国宰相やマルシャル外相をたくみに操縦した。彼はカイザーと直接折衝できる地位にはいなかったから、その仲介者として、カイザーの絶大な信頼を受けていたオイレンブルクを使った。オイレンブルクがカイザーに対して愛情と尊敬の念をいだいていたことはすでに指摘したが、ホルシュタインの才能をもみとめており、ビスマルク失脚後、ドイツの政治・外交がともかく円滑に運営されたのは、オイレンブルクの功績に負うところが大きい。

なお、カイザーは海軍の増強に強い関心をもっていたから、参謀総長ヴァルダーゼーと意見が合わなくなった。一八八八年にヴァルダーゼーは参謀総長に昇進したが、九一年、在職二年あまりでその地位を五八歳のシュリーフェン（一八三三〜一九一三）に譲って辞任した。

❖イギリスとの関係

ところで、カイザーも世界政策を遂行するに当たって最も顧慮したのは、ビスマルクと同様に、フランスの復讐であり、それによって発生するおそれのあるヨーロッパ列強との紛争であった。そのためにカイザーはイギリスとの親善の保持に大きな配慮を払った。

カイザーが新帝として即位したころの英独関係は極めて良好な時期で、一八八九年一月には、ビスマルクがイギリス首相ソールズベリに向かって英独同盟の締結さえ申し入れている。ただ、ソールズベリはそれに対して、個人的にはこの提案に賛成であったが、なお議会の全面的な賛成を得るのは困難と考え、婉曲《えんきょく》にこの提議をことわった。カイザーがイギリスを初めて訪問するのは、そのあとの同年八月のことで、彼はイギリス海軍の名誉提督に任命された。この栄誉に喜んだカイザーは祖母ヴィクトリア女王に近衛第一竜騎兵連隊の名誉連隊長の称号を贈った。ついで九〇年三月、プリンス-オブ-ウェールズのドイツ訪問の際には、カイザーはイギリス提督の服装で迎えてワーテルロー戦勝の同胞であることを強調し、英独親善関係持続の必要性を説いた。

さて、ドイツはロシアとの再保障条約が失効してまもない九〇年七月一日、イギリスとのあいだに、ヘリゴランド-ザンジバル協定を締結した。この協定は、ドイツが東アフリカ東海岸

キール運河　北海とバルト海を結ぶ

のザンジバル島などをイギリスに譲渡するかわりに、ドイツは北海の小島ヘリゴランドをイギリスから獲得するという取り決めであった。この協定に対してドイツは、カール＝ペテルスをはじめとする植民地主義者たちの反対があったが、イギリスとの友好関係の持続を重視するドイツ政府は、イギリスに有利となる協定であったにもかかわらず、あえて妥結に踏み切った。もっとも、そのころ、北海とバルト海を結ぶ運河の完成を間近にひかえ、ドイツ海軍の充実に関心をよせていたカイザーはヘリゴランド島のもつ重要性に着目していたと考えられる。

　ドイツはこの協定をもとにして、イギリスを三国同盟のなかに引き入れ、これを四国同盟に拡大することをひそかに考えていたが、この構想は実現しなかった。というのは、イギリスでは、九二年の総選挙の結果、ソールズベリが失脚し、それに代わって、当時なお一九世紀中期の「小英国《リトル・イング》主義《ランディズム》」を信奉していた老グラッドストンが第四次内閣を組閣したからである。

カイザーは毎夏ボート競漕のために訪英することを楽しみにしていた。九四年にはいり、アフリカ問題から英独関係の信頼が崩れかかった。それでも九五年六月のキール運河の開通の際、祝賀のために艦隊を派遣してきたイギリスの艦上で、カイザーはイギリスに対する友情を示したという事実が物語るように、翌九六年一月三日に緊迫したクリューガー電報事件の発生まで、英独対立はまだ深刻にはなっていなかった。

極東と近東への野心

❖世界政策への転換

一八九四年一一月一日、ロシアではアレクサンドル三世がなくなり、ニコライ二世が即位した。新帝は従兄弟のカイザーに好意をもっていたが、それに対してカイザーは政治的配慮を秘めて接近し、まずアレクサンドル三世崩御の際、ニコライ二世に懇篤な手紙を送った。それ以来、両元首のあいだには英語で記された私信が数多く交換され、第一次大戦までそれが続いた。カイザーがこのころから、とくに対露接近に執心であったのは、イギリスとの関係が思わしくなく、その上露仏同盟のできたことを意識していたからである。ロシアとしては、フランスと同盟国になったので、露独関係をビスマルク時代のそれに戻すことはできないにせよ、ドイツの接近は歓迎した。

ニコライ二世が即位する少し前の一〇月二九日、ドイツではカプリヴィが辞職し、帝国宰相

ニコライ二世（左）とカイザー

はホーエンローエに代わった。新宰相は南ドイツのカトリック教徒で、バイエルン首相、フランス大使、アルザス・ロレーヌ総督などを歴任した名門の政治家であったが、すでに七五歳の老齢で、政権の座に執着はなく、結果としては、カイザーの親政の確立に寄与する形となった。

　ところで、九四年末のヨーロッパの国際関係は三国同盟、露仏同盟、イギリスの三者鼎立《ていりつ》の状況で、ドイツの地位はまだ安泰であった。この国際環境のなかから、やがてカイザーは積極的な世界政策に乗り出すので、イギリスの歴史家グーチは、「伝統的なビスマルク流の政策と新たな前進政策との全面的分岐点はビスマルク失脚期にあったのではなくて、彼の後継者カプリヴィ失脚の期にあった」とみており、さらに、「カプリヴィの失脚からビューローのヴィルヘルムｰシュトラーセ（ドイツ外務省のこと）への進出までの三年間はカイザーが最も外交を左右した時期であった」と説いている。

　一九世紀末のドイツはアメリカ、極東、太平洋、近東などへの海外進出をくわだてたが、そのなかでも、カイザーが着手した世界政策の第一歩は日清戦争後の極東問題への介入からであった。

❖日清戦争とドイツ

一八九四年七月より極東は日清戦争の真最中で、その背景ではヨーロッパ列強が絶えず干渉の手をさしのばそうと、戦争の帰趨《きすう》を見守っていた。ドイツがいつ介入を決意したかは明白でないが、戦争のなかば過ぎごろから関心をみせはじめ、最初はイギリスのイニシアティブのもとに終戦処理に介入する考えを示したかと思うと、あとでは同盟を結んでいるロシアやフランスから離れすぎることを警戒してこの二国と共同で行動する用意のあることを、ロシアに申し入れたりしている。ここに日清戦争がヨーロッパの国際関係の推移と複雑に関連していることが明示されており、それと同時に、とくにイギリスとロシアの関係を基軸として展開されてきた当時の国際関係のなかでのドイツの微妙な立場が現れている。

極東で発生した日清戦争は、ドイツにとって、フランスの復讐をかわしつつ、世界政策に乗り出すための絶好の舞台と映ったはずである。というのは、ロシアに接近して極東進出を煽動することは、ロシアの関心を極東に向けさせて露仏同盟のヨーロッパでの効力を弱めさせ、バルカンでのロシアとオーストリア-ハンガリーとの対決をも緩和することができるからである。

つまり、ロシアが極東問題に専念してくれると、アルザス・ロレーヌとバルカンが安全になり、ドイツはまことに好都合である。この政策がカイザー自らの着想であるか、あるいはホルシュタインの献策であるかも明らかでないが、いずれにしても、カイザーは日清戦争の末期以来、この政策を積極的に推進し始めた。

　カイザーはもともと日本を「東洋のプロイセン」とみなし、日清戦争の日本の勝利に関心を示していた。そこで、カイザーは日本の提示した講和条件に対して、最初はかならずしも過大と考えていなかったが、周辺のものから「黄禍《ゲルベ・ゲファール》」を鼓吹されると、突然、意見を変えた。カイザーの黄禍論に影響をあたえたひとりは、元清国公使ブラントである。彼はカイザーに向かって、日本があまり強大にならぬようにするためロシアを援ける必要があると説いた。カイザーがこの見解からどの程度の示唆を受けたか正確にはわからないが、ともあれ、カイザーは日清戦争のなかに白色人種との戦い、あるいは、キリスト教徒と仏教徒との戦いの前触れを感じ、黄禍論が固められた。

❖三国干渉と中国進出

　イギリスに日清講和の下関条約に干渉する意志のないことは明らかになったが、それに反して、一八九五年四月八日、ロシアが対日干渉に乗り出すことを列強に提議すると、ドイツは直ちにロシアの提議を受諾し、ロシアと共同行動をとる方針を固めた。三国干渉の端緒はここにあったが、下関条約が成立した六日のちの四月二三日、東京駐在のドイツ・フランス・ロシア三国公使が日本政府に対して、それぞれ遼東半島を清国に返還することを勧告した覚書を手渡した。そのうち、ロシア・フランス両国の公使の通告は慇懃《いんぎん》であったが、ドイツ公使グートシュミットの通告には峻烈な言葉がみられ、日本は自尊心を痛く傷つけられた。日本はイギリスの援助に期待を寄せたが、イギリスがロシア・フランス・ドイツの三国との関係を悪化させてまで日本を支持できない立場にあることを知り、五月四日には、勧告の通り、遼東半島を清国に返還すると通告した。

九月二六日、カイザーはニコライ二世に手紙を送り、極東でのロシアの活動を何びとも妨げないように、ロシアの裏門を擁護することを約束するとともに、ドイツの画家クナックフースの描いた有名な黄禍の寓意画をも届けた。この画には、「ヨーロッパ人よ。汝の神聖な領域を護れ」という題がつけられていた。

このようにみてくると、ドイツが三国干渉に加わったのは、ドイツ自身の極東進出の野心のほかに、ロシアを極東問題に釘づけにしておき、ロシアがヨーロッパや近東で活動しにくくなることをねらった高等政策に由来していたことがわかる。それ以来、この政策が日露戦争にいたるまでのほぼ一〇年間のドイツの基本方針になるとともに、ドイツはイギリスとロシアとの

中国・青島に上陸するドイツ軍

あいだにあって巧妙に動こうとするのである。

三国干渉後ドイツは貿易や海軍の基地になる港湾を得ようとして中国沿岸の各地を物色していたが、九六年八月、東洋艦隊司令長官アルフレート＝フォン＝ティルピッツ（一八四九〜一九三〇）は膠州湾《こうしゅうわん》が適当なところであると政府に進言した。地理学者リヒトホーフェンも山東を有望の土地と保証したが、膠州湾はすでにロシアが冬期に極東艦隊の寄港する港湾として利用していたから、カイザーにはロシアとの関係を調整する必要が生まれた。

たまたま、九七年一一月一日、二人のドイツ人カトリック宣教師が山東省の南で中国人に殺害された。カイザーはこの機会を逸さず、直ちにティルピッツに膠州湾の占領を命令し、ついで皇弟ハインリヒを司令官とする遠征軍を本国から急派した。ロシアはドイツのこの迅速な干渉の前に譲歩し、膠州湾から旅順口へ主力を移した。そこで、翌九八年三月六日、ドイツは清国とのあいだに膠州湾に関する九九か年の租借条約を結び、山東省の鉱山、鉄道に関する権益を獲得した。

ドイツのこの進出は三国干渉の「友邦」のみでなく、イギリスをも刺激した。ロシアは直ちに旅順・大連の租借を清国に強要すると、イギリスも、同年四月、北洋艦隊の軍港として知られ、日清戦争で日本軍に占領されたことのある威海衛《いかいえい》を租借して、直隷湾《ちょくれいわん》から勢力均衡の保持を図った。おなじころ、フランスが広州湾《こうしゅうわん》を租借すると、イギリスもこれに対抗して、香港対岸の九竜半島の割譲地域の拡大を迫り、その地を租借した。日本も列強に伍して、同年四月、台湾の対岸になる福建省《ふっけんしょう》の不割譲を清国に約束させ、これを勢力範囲とした。

❖三B政策の推進

ドイツの世界政策はこのように極東から第一歩を踏み出したが、帝国主義進出の中核は近東にあった。ベルリンからオスマン帝国の首都イスタンブル（昔の名前はビザンティウム）をへてバグダードにいたる大陸横断鉄道の建設事業がそれである。

本来、オスマン帝国での鉄道の敷設に関心をもち、最初に着手したのはイギリスとフランスで、英仏資本がシリアとスミルナで鉄道を敷設していた。バルカンではスイスやオーストリアの資本が一八八八年にウィーンとイスタンブルのあいだを結びつけるオリエント急行を開通させていた。この鉄道をさらに小アジアを通ってペルシア湾にまで延長するバグダード鉄道の建設計画を提案したのは、ドイツの鉄道技師プレッセルであり、同年一〇月四日、ドイツ帝国銀行が小アジアのアンゴラ線建設の特許をトルコ政府から獲得した。ドイツ帝国銀行はルードヴィヒ＝バンベルガーの創設した銀行で、当時ドイツの電気事業を独占していたヴェルナー＝フォン＝ジーメンスの甥のゲオルク＝フォン＝ジーメンスが総裁であった。ドイツ資本による最初のアナトリア鉄道の建設がこれで、ここからバグダード鉄道はスタートした。もっとも、ビスマルクは近東に関してロシアとの拮抗《きっこう》を最小限におさえておきたいと考えていたので、バグダード鉄道の建設計画には乗り気でなく、「無関心」の立場を表明していたうえ、ドイツ帝国銀行は資金が欠乏していて、建設事業ははかどらなかった。そこで、オスマン帝国皇帝がカイザーに支援を求めてきたのに応じ、カイザーは八九年に同国を訪問し、ビスマルクと違って同国に強い関心をもっていることを示したが、ドイツの銀行家たちはビジネスの観点からのみ鉄道を考えていたので、いぜんとして熱意を示さなかった。

ドイツ政府が積極的にバグダード鉄道建設に乗り出したのは、九七年にマルシャル外相がオスマン帝国大使に任命されたときからである。その翌九八年、カイザーは、聖地巡礼という名目で皇后や多くの側近をともなって第二回目のトルコ旅行に向かい、一〇月一八日から二二日までイスタンブルのオスマン帝国皇帝を訪問し、ついで、パレスティナ、シリアをへてイェルサレムやベツレヘムを巡礼し、最後にダマスクスを訪れた。カイザーはその地で演説し、全世界三億のイスラーム教徒の友であることを強調した。この有名な演説はカイザーにはあとあとまで祟《たた》った。版図に多数のイスラーム教徒を擁するイギリス・フランス・ロシアはこの演説をドイツの挑戦と受けとり、その企ての証明として、この演説がしばしば引き合いに出されることになるからである。

九九年一一月二七日、ドイツ銀行財団はオスマン帝国政府からコニアよりバグダードへ、さらにペルシア湾にいたる鉄道敷設権をあたえられた。そして一九〇三年、同財団はオスマン帝国政府と協約を締結し、バグダード鉄道会社を設立した。

バグダード鉄道会社は英仏資本の参加を呼びかけたが、イギリスはインドの安全に対する懸念から、ドイツの「東方進出《ドランク・ナハ・オステン》」を警戒し、イギリスの世論はドイツに敵対的態度をとった。すでに一八九九年一月下旬、インド総督カーゾンは、ドイツ帝国銀行がオスマン帝国政府とバグダード鉄道に関する利権獲得のための折衝を進めているのを知ると、急遽、バスラの南方にあるペルシア湾岸のクウェートの部族長と協定を結び、イギリスの承諾なしにはいかなる国際協定も結ばないことを取り決めることに成功した。

バグダード鉄道が完成すると、ドイツの勢力が陸路でペルシア湾に到達することになる。これは、インドから南アフリカにいたるイギリスの三C政策に対する「ドイツの楔《くさび》」となることを意味し、イギリスにとって、海軍力では防ぎようのない方法でインドの安全を脅かされるこ

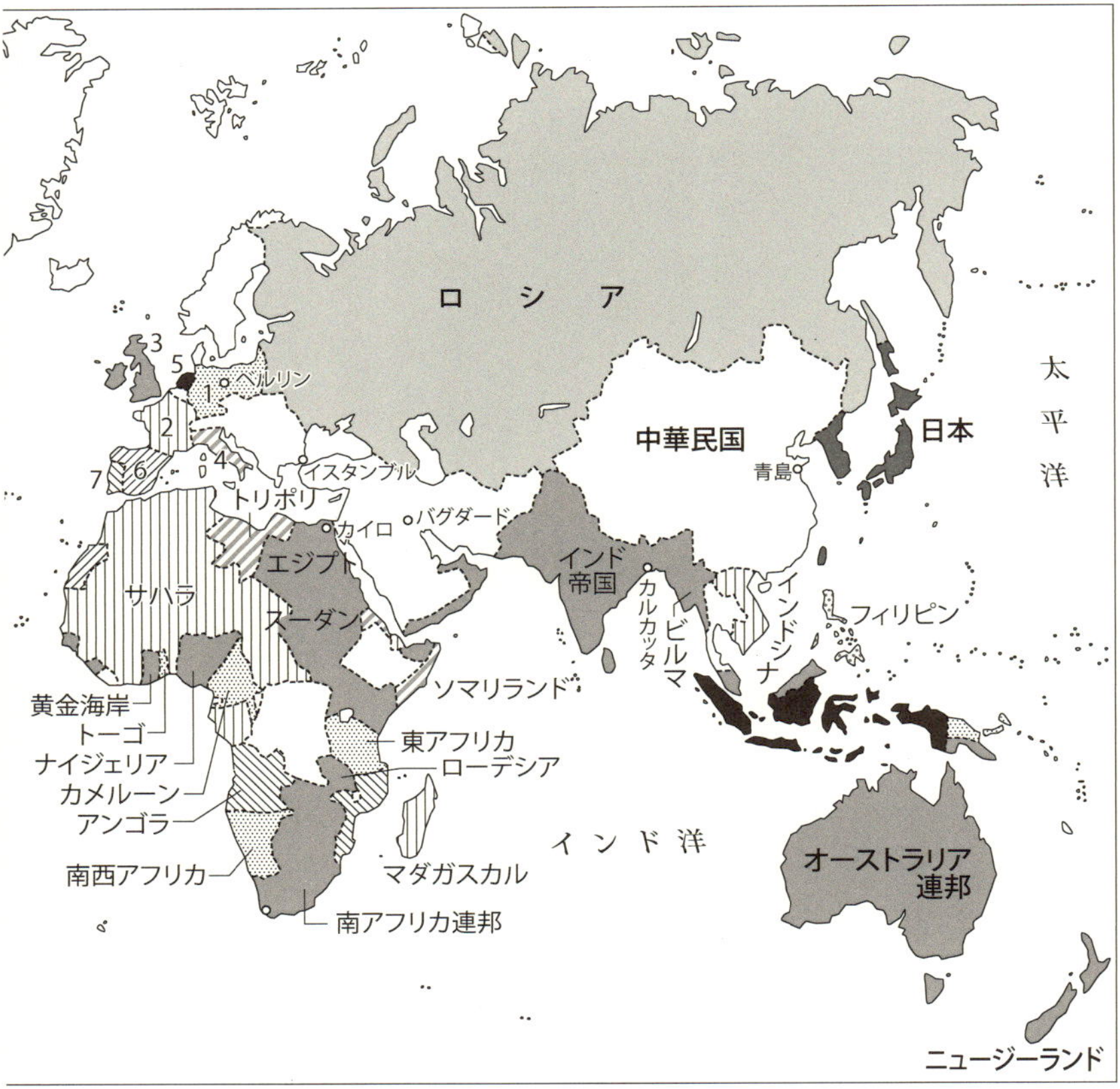

ロシア
ベルリン
1
2
3
4
5
6
7
イスタンブル
トリポリ
カイロ
バグダード
エジプト
サハラ
スーダン
ソマリランド
黄金海岸
トーゴ
ナイジェリア
カメルーン
アンゴラ
南西アフリカ
東アフリカ
ローデシア
南アフリカ連邦
マダガスカル
インド洋
インド帝国
カルカッタ
ビルマ
インドシナ
中華民国
青島
日本
フィリピン
太平洋
オーストラリア連邦
ニュージーランド

帝国主義時代の世界（1914年）

とになると同時に、ロシアのバルカン、近東への南下政策とも対決することになる。そこで、ドイツの三B政策はイギリスとロシアの利害をかえって一致させ、やがて両国は接近して一九〇七年の英露協商への道が開かれることになるのである。

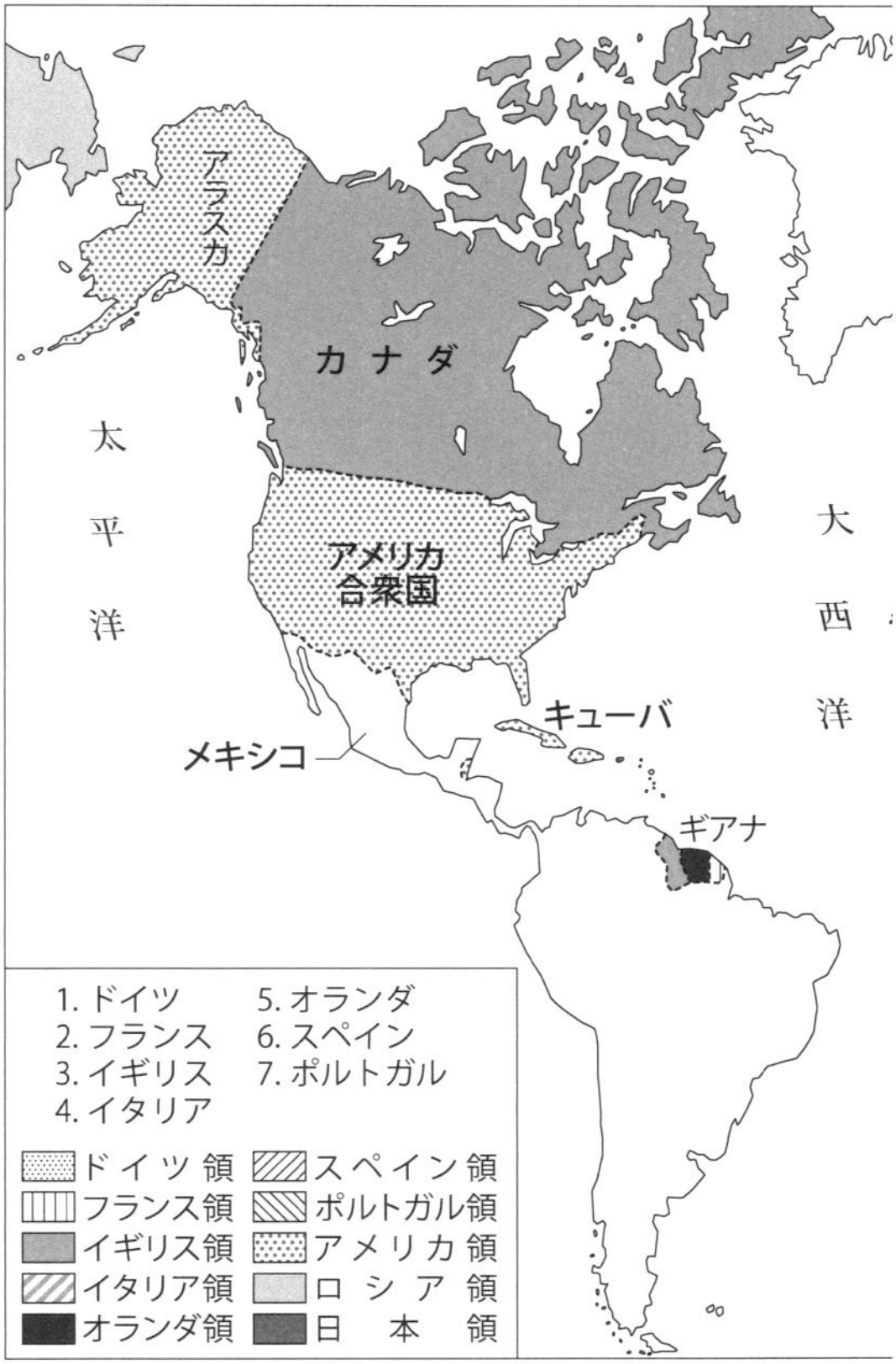

Ⅱ

大海軍の建設

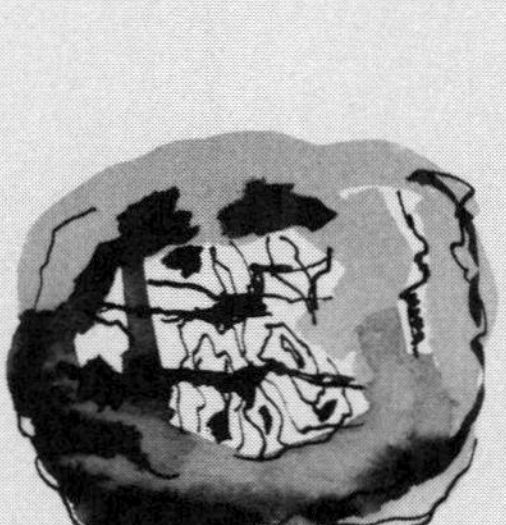

結集政策

❖「三叉戟のネプチューン」

カイザー親政のもとで計画された最も重要な事業は、大海軍の建設であった。この事業はこれまでのドイツの歴史に全然なかった新しい企てである。

本来、ドイツ海軍は陸軍と違って伝統が浅く、帝国建設以後、陸軍の統率のもとにおかれていたが、海軍拡張に熱心なカイザーは即位後まもなく、一八八九年三月三〇日に海軍省と海軍軍令部を独立させ、自ら統帥権を行使して海軍を掌握しようとした。だが、七一年に制定されたドイツ帝国憲法第五三条は、「海軍の建設と維持およびそれに関連ある施設に必要な経費は、帝国国庫から支出される」と規定していたので、海軍の予算は当然、帝国議会の承認を受けなければならなかった。そこで、九〇年に海相に就任したホルマン提督は、まず議会対策に悩まされた。ホルマンは巡洋艦を主力とする海軍力の増強をめざし、カイザーもこの方針に同意をあたえていたが、小ブルジョワや家内労働者の政党である自由思想家人民党のオイゲン＝リヒターを先頭にして、帝国議会では海軍力の増強に対する執拗な反対があった。

だが、九五年一二月三〇日のジェームソン侵入事件、ならびにそれから派生した翌九六年一月三日のクリューガー電報事件はイギリスとドイツの関係を悪化させ、ついでカイザーが一月一八日に、「ドイツ帝国は世界帝国に発展した」ことを宣言し、世界政策の推進を強調すると、海軍拡張の必要性が一般にみとめられ、九六〜九七年度の海軍の要求としてホルマン海相の提出した巡洋艦四隻の建造を中心とする法案は、経費の削減はあったにせよ、帝国議会でほぼ全面的に承認された。けれども、カイザーに対して個人的影響力をもつ宮中海軍内局局長ゼンデンは戦闘艦隊戦略にもとづく海軍力増強計画を支持しており、ホルマン海相の巡洋艦戦略に対して批判的であった。戦闘艦隊戦略とは、九六年以後東洋艦隊司令長官として、当時青島の獲得に奔走していたティルピッツの理論である。そこで、その後九七年三月の帝国議会予算委員会が中央党党首リーバーの反対によって、ホルマンの提出した巡洋艦建造要求を拒否し、ホルマンが辞職に追い込まれると、カイザーはゼンデンの献策を容れ、後任海相としてティルピッツを任命することにした。

九七年四月二四日、カイザーは「三叉戟《さんさげき》をもつ海神ネプチューンの姿は、われわれが果たさなければならない新しい任務を象徴する。世界のいたるところで、われわれはドイツの市民を

カイザー（左）とティルピッツ（中）とホルツェンドルフ

保護しなければならず、またいたるところでドイツの名誉を守らなければならない」と揚言し、制海権確立の重要性を強調した。海軍拡張が軌道に乗るのは、ティルピッツが海相に就任した同年六月一六日以後のことである。彼はそれ以後第一次大戦の潜水艦戦にいたるまで、海軍に関するすべての問題に精力的に取り組んだ最高の責任者であった。ティルピッツが海相に就任して二週間後の九七年六月二八日、駐伊ドイツ大使ビューロー（一八四九～一九二九）がマルシャル＝フォン＝ビーバーシュタインの後任として外相になった。彼もまた、ティルピッツに劣らない海軍拡張論者であった。こうしてドイツの海軍拡張は、カイザーとティルピッツに、このビューローを加えたトリオによって推進された。

❖ティルピッツのキャンペーン

ティルピッツは帝国議会での抗争を回避し、海軍拡張を実行するためには、海軍力増強の必要性を国民に訴え、世論の支持を得る必要を痛感していた。その点で、海軍は国民感情を刺激するのに利点があった。陸軍は、平時にはプロイセン、バイエルン、ザクセン、ヴュルテンベルクなどの各邦のもとにあったが、海軍は、「帝国海軍は単一であり、皇帝の統帥に服する」と規定したドイツ帝国憲法第五三条にみられるように、帝国の単一の組織であった。これは、海軍を全ドイツのシンボルとして国民に訴えることのできることを意味する。さらに、陸軍がプロイセン貴族の軍人社会によって牛耳られていたのに対して、伝統の浅い海軍は、陸軍で昇進することの困難な中産層出身者にとって、魅力ある活動の舞台と映るのであった。

ティルピッツは九七年六月、海軍省内に海軍のキャンペーンを専門とする情宣機関を新設した。この機関は多くの学者にも働きかけた。海軍拡張に協力した大学教授が数多くみられ、彼らは艦隊教授と呼ばれた。そのなかには、九一年に汎独協会として創設され、ついで九四年以来全独協会と改名されていた団体のメンバーがいた。フーゲンベルク、ハッセ、クラース、バッサーマン、シュトレーゼマン、レヴェントロフ、ラッツェルといった著名な学者が名をつらねている。艦隊政策を支持したいま一つの学者グループは、リベラル-インペリアリストと呼ばれた人々である。ウェーバー、デルブリュック、ロールバッハ、ナウマンらがそれで、彼らは権力国家とリベラリズムの結合をめざして論陣を張った。

また、九七年に二万名の会員をもっていたドイツ植民地協会が多くの講演会を催して海軍力増強のキャンペーンを積極的に進め、さらに、九八年に設立された艦隊協会もこのキャンペーンをバックアップした。この協会の設立には、クルップなどの重工業界がイニシアティブをとったことからも知られるように、この協会は、艦隊拡張の受注に直接的利益を保証された組織であった。

ティルピッツは海軍拡張の貫徹を期し、自ら大学の有力な教授に協力を求めて遊説した。その結果、上にみた学者のほか、ワーグナー、シュモラー、ゼーリンク、ブレンターノらの国民経済学者やランプレヒト、マルクスといった歴史家が建艦予算を収益のある政策として是認するとともに、ドイツの国力の増進や文化的発展に不可欠の政策であるという学問的根拠を提供した。ティルピッツはさらにビスマルクを隠居先のフリードリヒスルーに訪ねて協力を仰いだり、ザクセン王アルベルト、オルデンブルク大公、バーデン大公フリードリヒ、あるいはハンザ市長らを説いて支持を求めた。このようなティルピッツの活動はやがて帝国議会に反映し、その努力がむくわれることになるのである。

❖帝国議会の動静

　ところで、ティルピッツは大海軍の建設計画をどのような見通しのもとに策定したか。ドイツはイギリスに匹敵するほど大規模な艦隊にまで拡張する必要はない。ただ、実際に英独戦争が起こった場合、たとえドイツ海軍は全滅しても、イギリスも深手を受け、あとに残ったイギリスの低下した海軍力では、これまでどおり、二国標準主義《ツーパワースタンダード》を保持し、七つの海を支配する制海権の維持はとてもできなくなる。そこで、ドイツはイギリスにこのような危機を意識させる程度にまで増強しておけば、ドイツ艦隊の存在がイギリスに対する無言の示威となり、それにより、結局、ヨーロッパ最強海軍国イギリスでさえ、ドイツと和解する道を選ぶであろう。これが、ティルピッツ独特の「危険理論《リジコーゲダンケ》」である。

　このように、ティルピッツは同盟価値をもつ艦隊の建設によって、ドイツの地位を大陸強国から世界強国へと上昇させることができると考えていた。そこで、彼は前任者ホルマン海相が帝国議会でしばしば予算削減などの干渉を受けた事実をふりかえり、これまでとおなじ方法では反対派を説得することはできないから、新たに、ドイツ艦隊の拡張計画を法律で固定し、帝国議会での予算審議から影響を受けず、内閣の更迭にも動揺しない組織的計画的国策とする措置をとるべき必要性を痛感した。そのために彼は議会対策を慎重に進めたのである。

第一次艦隊法《フロッテン・ゲゼッツ》の上程された九八年前後の帝国議会はどのような勢力関係にあったか。九三年に行われた総選挙の結果がその大勢を決定していたが、それによると、保守党七二、帝国党二八、国民自由党五三、自由思想家連合一二、自由思想家人民党二四、中央党九六、社会民主党四四、そしてポーランド党一九――以上が帝国議会の各党議席数である。この総選挙では、これまで政府与党を形づくっていた保守党、帝国党、国民自由党の地盤が沈下したのに代わって、社会民主党の躍進がいちじるしかった。また、中央党はカトリックという宗教的地盤に立脚して、いぜんとして大きな勢力を誇っていた。これらの諸政党はティルピッツの海軍拡張政策に対して、どのように対処したか。

国民自由党はラインラント、ヴェストファーレン、オーバーシュレジエンの重工業を代表する政党で、造船業・鉄工業・機械工業・石炭業・火薬業の発展を促進されることに期待をかけ、建艦政策推進の中核的政党であった。工業家や穏健農業家を基盤とする帝国党も、ドイツの世界強国化を期待し、建艦政策の積極的な支持政党であった。

保守党は東エルベの大土地所有者ユンカーの政党で、本来は、地主の利益と無関係の建艦政策に対して批判的であった。しかし、九七年夏、プロイセン蔵相ミーケル（一八二八～一九〇一）は地主に対して農業関税率の引き上げを約束するとともに、その代償として、工業家の利益を保証する大海軍の建設を地主にみとめさせ、大土地所有者と重工業資本家を結集しようと図った。保守党はこの結集政策《ザンムルングスポリティーク》によって、世界政策に反対していた社会民主党の反体制運動に対抗することもでき、国内の支配体制の安定に寄与するはずであった。

もっとも、この三党の勢力だけでは与党多数派を構成することはできなかった。艦隊法成立の鍵は中央党に握られていた。中央党が東北プロイセンに対抗し、西南ドイツの保守的な中小農民層を地盤として、ビスマルク時代には文化闘争を戦い抜いたカトリックの政党であることはいうまでもない。中央党はプロイセンの軍国主義に批判的で、とくに、中央党内部のバイエルンを中心とする分邦主義者は建艦政策をプロテスタント的東北プロイセンの繁栄をもたらす措置として反対していた。同党党首リーバーは国民的視野に立って海軍拡張に好意的だった。ただ財政への負担をいかに打開すべきかに苦慮していた。とくに彼は、ティルピッツの主張する七年計画《ゼプテナート》をともなう法案の通過は難事業とみなしていた。

❖「ドイツの将来は海上にあり」

一八九七年一一月のはじめ、ドイツ国籍のカトリック宣教師が山東省で殺害されたことは前に述べたが、ドイツはこの事件を契機として膠州湾に出兵した。カイザーはこの事件をとらえ、帝国議会でドイツの威信を世界に示すべき必要を強調し、そのために海軍力の増強を急務とすると説いた。ティルピッツが継続的建艦事業を内容とする七年計画の艦隊法を上程したのはこの帝国議会で、一一月三〇日のことであった。帝国宰相ホーエンローエはこの提案を援護《えんご》し、保守党と国民自由党が支援した。自由思想家人民党のリヒターを先頭とする反対派は、国会が長期にわたって財政を統御できなくなることに抗議したが、中央党は、中央党議員の三分の一を擁するバイエルン派を残してその他の多数が七年計画を六年に短縮する修正案の採択に賛成したので、九八年三月二八日に、法案は二一二票対一三九票で可決され、四月一〇日に公布された。これが第一次艦隊法であるが、その骨子はつぎの六行政年間（一八九八〜一九〇三）に、戦艦七隻、大型巡洋艦二隻、小型巡洋艦一七隻を建造すると定めていた。

この艦隊法はイギリスを刺激するほどの大規模なものではなかったが、長期の建艦事業を執行しうる法律が制定されたことに意義があった。同年九月二三日、カイザーはダンツィヒで演説し、「ドイツの将来は海上にあり」と高らかに叫んだ。この言葉はもともと五〇年前に詩人ヘルヴェークの述べた言葉である。もっとも、ティルピッツの最終目標はイギリスに対抗できる艦隊を保有することであり、第一次艦隊法の成立はその出発点に過ぎなかった。

一八九八年の中国分割、ファショダ事件、米西戦争、翌九九年の南アフリカ（ブール）戦争や義和団事変の勃発はカイザーに強い影響をあたえた。これらの国際危機の高まるなかで、ティルピッツは第二次艦隊法上程の決意を固めた。一九〇〇年二月八日、ティルピッツが帝国議会に提出した第二次艦隊法の原案は膨大《ぼうだい》な計画であったにもかかわらず、反対者はかえって少

ドイツ帝国の艦隊

数となり、中央党の強力な支持を受けて六月一二日に通過し、一四日に公布の運びとなった。ドイツ海軍にとって画期的な一九〇〇年の第二次艦隊法は戦艦三八隻、大型巡洋艦一四隻、小型巡洋艦三八隻などを一七年までに建造することを決めた大拡張計画である。とくに注目されるのは、戦艦一九隻の第一次艦隊法に対して、第二次艦隊法はその倍増をめざす大計画であった点である。しかも、第二次艦隊法は、その前文に「最強の海軍国」ないし「最大の海軍国」という語句を数か所にわたって使用しており、その標的が明らかにイギリスであることを示している。

その後さらにティルピッツは情勢の変化に応じて、一九〇六年、〇八年および一二年に逐次改正を加えたが、この三回の補正法は第二次艦隊法を修正したもので、したがって、この一九〇〇年のティルピッツ計画が第一次大戦前のドイツの大海軍建設の基本方針となったといってよい。一方、仮想敵国とみなされたイギリスは甚大な衝撃を受けた。そこでイギリスは外交上、日英同盟、英仏協商、英露協商を結んだり、軍事的には、軍艦をアジアや地中海から引き揚げて英仏海峡艦隊を増強するとともに、新たに北海に艦隊を配置したり、一九〇五年一〇月には、一二インチ砲一〇門を搭載《とうさい》する新戦艦ドレッドノート号を起工するなどして、ドイツの攻勢に対応した。この海軍問題が英独関係を悪化させた最も基本的な問題で、一二年には、イギリスは陸相ホルデーンをドイツに派遣して建艦競争の緩和を交渉したこともあったが、両国のあいだに根本的な妥協は成立せず、やがて、そのまま両国は第一次大戦にまき込まれていくのである。

❖ドイツ帝国のジレンマ

それならば、ドイツは破局の到来を予測できたこの建艦競争をなぜ中止できなかったか。その理由は、ドイツ帝国の国家構造と艦隊政策の財源との関係から説明できるであろう。

艦隊政策の財源は農産物の輸入関税を高率化し、その税収を大海軍建設の財源に充てるという着想であった。これによって、ユンカーや大地主は東欧からの穀物の流入による利益の減少を防ぐことができる一方で、鉄鋼資本家も建艦に専念できる財源を保証された。その点で、一九〇二年一二月の帝国議会で制定された農業保護関税は重要な意義をもつ立法措置であった。これは、カプリヴィ帝国宰相時代に引き下げられた穀物関税の大幅な引き上げをはかったもので、一九〇一年一〇月より帝国宰相に就任していたビューローが保守党や大地主の支持を得る必要からとった措置である。それにより、たとえば小麦はトン当たり三・五マルクから一躍五・五マルクに引き上げられ、ドイツ国民は高いパンを食べなければならなくなったが、しかし、この穀物関税の引き上げ措置によって軍艦建造の費用を調達できることになった。これは、先にみたように、プロイセン蔵相ミーケルのアイディアである結集政策であり、艦隊法と農業保護関税の制定によって、重工業資本家とユンカーを結集するとともに、当時ドイツ帝国第一の大政党にまで成長していた社会民主党の反対に対抗できる保守陣営の再編成を意味する政策であったとみてよい。

たしかに、結集政策によって、ドイツ帝国の支配階級であるユンカーと重工業資本家とは利益を保証された。だがしかし、それに目を奪われているあいだに、この政策の裏面にひそむ危険を抜本的に検討しなかったことが、ドイツ帝国を一路破滅へのコースに追い込む結果を招いた。というのは、農産物関税はロシアとの友情を、また海軍拡張がイギリスとの友情のために、ともに決定的にマイナスの要因となることを看過していたからである。結集政策はこの点に致命的な欠陥がひそんでいたのであり、ドイツは第一次大戦の敗戦と革命による支配階級の崩壊にいたるまでこのジレンマから脱出できなかったが、それはドイツ帝国の国家構造に根ざす自己矛盾であったといえよう。

イギリスとの同盟交渉

❖クリューガー電報事件

ビスマルク時代の末期にはドイツはイギリスに同盟を提議したことがあった。そのころのイギリスは「光栄ある孤立」の方針を崩さなかったが、一八九〇年代後半にはいると情勢が変わってきた。まず、九六年一月にドイツはイギリスとの友好にとって都合の悪い事件を起こした。カイザーの「クリューガー電報」がそれであるが、この事件を理解するには、そのころの南アフリカの政治状況をふりかえっておく必要がある。

そもそも、アフリカ南端のケープ植民地はナポレオン戦争後の一八一四年以来オランダ領からイギリス領にかわっていた。ブール（ボーア）というのは農民のことである。農業移民として入植していたオランダ移民の子孫のブール人は、イギリスの支配をきらい北東の奥地に移住し、そこにオレンジ自由国とトランスヴァール共和国を建設した。ところが、八六年にトランスヴァール共和国で金鉱が発見されると、アフリカ縦貫政策を推進しようとしていたケープ植民地首相セシル=ローズはこの共和国を英領南アフリカに併合しようと画策し、九五年一二月末、南アフリカ会社のジェームソンに兵六六〇名を率いてヨハネスブルクへ侵入させた。だが、この侵入はブール人に先手を打たれて失敗に終わった。カイザーがブール人のトランスヴァール共和国大統領クリューガーにあてて祝電を発したのはこのときである。この電報は、当時ブール人に対する同情の高まっていたヨーロッパ諸国を喜ばせたが、その反面で、イギリスとの関係を悪化させることになった。

海軍服姿のカイザー

ついで、九八年には、中国分割、ファショダ事件、米西戦争などが続発し、イギリスは世界各地への列強の進出に直面した。そのうえ、ドイツの艦隊法上程に始まる海軍拡張計画やバグダード鉄道の建設を根幹とする三B政策に遭遇すると、イギリスはこれまでの孤立政策を再検討せざるをえない状況に追い込まれた。そのころ、イギリスでは、九五年六月以来、ソールズべリが第三次内閣を組織していた。この内閣は、それ以後七年間も続く安定政権であった。彼はまだ孤立主義を変更する決意を固めたわけではなかったが、植民相ジョゼフ＝チェンバレンが大英植民帝国の建設を唱え、同盟政策への転換をリードしようとしていた。その際、イギリスの選択しうるパートナーは二国同盟のロシア・フランスか、それとも、三国同盟のドイツかといった二者択一の形で存在したが、チェンバレンの選んだパートナーは伝統的に友邦であり、しかも、当時まだイギリス世界政策の第一の敵になっていないドイツであった。そこで、九八年三月二九日、チェンバレンは駐英ドイツ大使ハッツフェルトと会談し、イギリスに同盟政策の構想のあることを告げた。

そのころ、ドイツは、㈠イギリスに対抗するため、三国同盟を露仏同盟と結びつけて大陸連合を結成する、㈡英独同盟を締結し露仏同盟に対抗する、㈢「自由の手《フライエ・ハント》」の政策を保ち、イギリスとロシアのあいだにあって自由行動をとる、以上の三つの方針のいずれを選ぶべきかを模索していた。ところが、外相ビューローやホルシュタインらのドイツの政策決定者たちは、その後数回ロンドンで開かれた英独会談についてのハッツフェルト大使の報告に接したにもかかわらず、ドイツのとるべき選択がいかに重大であるかの認識がなかったためなおためらい、四月末には交渉は行きづまってしまった。

もっとも、ハッツフェルトはソールズべリとも会談し、首相はチェンバレンほど同盟に乗り

カイザーのイギリス訪問

気でないことを知った。そこで、ハッツフェルトはドイツ政府に対して、ロンドンでの今後の交渉について、友好的に対処するが、ぐずぐずと引き延ばし、そのうえで、いつか了解に達しうる日に備え、つねに門戸は開けておくつもりであると報告している。

❖同盟交渉と義和団事変

第二回目のイギリスとの同盟交渉は一八九九年一一月二〇日から二八日にかけて行われたカイザーの訪英の際に進められた。同年一〇月から南アフリカ戦争が始まっていたので、この旅行は、さきにイギリスとの関係を緊迫させたクリューガー電報事件に対するカイザーの罪ほろぼしのための旅行と受けとられ、カイザーは盛大な歓迎を受けた。ロンドンに滞在中、カイザーはビューローとともにチェンバレンと数回会談した。その際、チェンバレンはロシアの侵略に対抗するために、イギリス・ドイツ・アメリカ合衆国（以下アメリカ）の三国が同盟する必要があると説くとともに、一一月二九日にはレスターで、ゲルマンの両分派であるアングロ-サクソンとチュートンによる三国同盟は将来の一大勢力となるであろうと演説し、三国同盟の構想を公表した。

だが、この時期のドイツはロシアとの親善を犠牲にしてまでイギリスと同盟しようという意志をもっていなかったので、ビューローはこれまで通り「自由の手」の政策を維持すべき確信をいっそう固めただけで、英独同盟締結機運の醸成にはほど遠かった。

九九年九月から一〇月にかけて、中国では義和団事変が起こり、山東省から直隷省にかけて拡がった。ついで、一九〇〇年六月二〇日に、北京で駐清ドイツ公使ケッテラーが殺害されると、カイザーは大軍の派遣を決意し、ヴァルダーゼー将軍を八か国連合軍の最高司令官に任命して、義和団の鎮圧に当たらせた。連合軍が北京に入城したのは同年八月一四日であったが、しかし、ロシアはこの機会に全満州を支配し、事変後にかえって軍隊を増強したため、日本とイギリスは深刻な脅威を感じた。そこで、イギリスは、ロシアの南下を同様に警戒していたはずのドイツに接近し、両国の連合勢力でロシアを牽制しようとはかり、同年一〇月一六日、ソールズベリ首相とハッツフェルト大使とのあいだの公文交換の形式で英独協商を成立させた。これがドイツ人のいう揚子江協定である。

イギリスは、この協定に極東でのロシアの南下を阻止するための防波堤としての役割を期待していたが、しかし、ドイツは満州にはそれほど重大な利害関係をもっていなかったから、ほどなくその期待を裏切る行動をとった。ドイツは、協定の条文にみられる「両国が影響力をおよぼしうるかぎりの全清国領土」という表現のなかに、満州はふくまれないと解釈していた。そこで、〇一年三月一五日、帝国宰相ビューローは帝国議会で、「一九〇〇年一〇月一六日のイギリスとドイツの協定は、いかなる意味ででも満州にかかわるものではない。……満州にはドイツのいかなる重要な利益をも存在しない。この州の運命は、ドイツにとって、まったくどうでもよいことがらである」と所信を表明し、イギリスを失望させた。これは、ドイツがロシアの満州進出をむしろ黙認することにより、自国の近東政策を円滑に進めようとする底意をもっていたからと考えられる。

❖交渉の頓挫

一九〇一年の英独同盟交渉が再燃するのはこの前後のことで、その発端の出来事としては、同年一月一六日、駐英ドイツ大使代理（大使館参事官）エッカルトシュタインがイギリスの閣僚デヴォンシャー公に招かれてチャッツワースの別荘を訪ねた際、チェンバレンからこの問題について重大な提議を受けたという事実が注目される。ついで、一月二二日、イギリス女王ヴィクトリアがなくなり、カイザーがロンドンでの祖母の葬儀に参列した際の出来事が見出される。カイザーはこの機会にも英独親善の必要を説いたが、そのあと二月上旬から三月下旬にかけて、駐英ドイツ大使ハッツフェルトやエッカルトシュタインがイギリス外相ランズダウンとのあいだで、同盟締結の可能性について話し合っている。

ところで、一九〇一年の英独同盟交渉の発端には、エッカルトシュタインの作為的な越権行動が加わって複雑であったが、それはともかく、ドイツはこのたびの交渉を慎重に取り扱った。ドイツの政策の樹立に決定的な発言力をもっていたホルシュタインは、ドイツがイギリスと同盟したときロシアと対立する立場におちいるのを避けることが肝要で、そのために同盟をイギリスとドイツだけの二国同盟にせずに、三国同盟のドイツ・オーストリア＝ハンガリー・イタリアの三国とイギリスとの同盟にし、場合によっては、それに日本をも加入させてもよいという構想を立てた。

このころ、エッカルトシュタインは駐英日本公使林董《ただす》にも接近し、日英独三国同盟締結の必要性を説いた。これが、一九〇二年一月三〇日に成立する日英同盟交渉の発端になるのである。

五月二三日、ランズダウン外相とハッツフェルト大使とのあいだで重要な会談が行われ、この際、ドイツ側はイギリスが三国同盟に加盟することを熱心に勧めた。ランズダウンはこれに対して、多大の困難のあることを指摘した。五月二九日、首相ソールズベリが覚書を発表し、ドイツと同盟を結ぶ必要性のないことをつぎのように明らかにした。

「孤立政策が果たして有害であるかどうかは即断できない。確実な歴史的根拠もない危険に対処するためには、新たに過重な負担を負うことは賢明でない。」

これにより、ソールズベリが一九〇一年五月末にいたっても、なお孤立政策を捨て去っていなかったことを知ることができる。それと同時に、この覚書から、英独同盟交渉が頓挫したとみてよいであろう。

同年一〇月二五日、チェンバレンがエディンバラで演説した。この演説は、南アフリカ戦争に対するヨーロッパ大陸諸国の非難に反論して、大陸諸国が過去に行った種々の戦争行為とくらべると、南アフリカ戦争でのイギリスの行為は問題にならないと抗弁したものである。この演説はドイツ人を激怒させた。英独接近の機運はこの演説を最後として消え去った。

一九〇二年一月三〇日、駐英ドイツ大使メッテルニヒはドイツ外務省にあてて、「ここ一〇日以来チェンバレンとフランス大使とのあいだで植民地問題について、英仏両国間に現存する利害の相違を全体として調整するために交渉が行われている」と報告している。この年に始まるイギリスとフランスの接近はやがて日露開戦直後の英仏協商の成立に発展し、ついで、日露戦争後の一九〇七年夏には、日仏協約、日露協約、英露協商の三協商が締結され、それにともなって成立した三国協商体制がそのまま第一次大戦に直結していく。その意味で、一九〇一年の英独同盟交渉の頓挫は世界歴史の重大な岐路となったものであったといえよう。

外交革命の完成

❖日露戦争とドイツ

一九世紀末二〇世紀初頭の時期は、世界歴史にとって、重大な岐路であった。一九世紀の国際政治はイギリスとロシアの両極を基軸として展開され、とくにクリミア戦争以後両国は対立関係にあったが、一九世紀末にいたって各国の資本主義の躍進にもとづく競争が激しくなり、それを反映し世界各地で国際紛争が発生した。この状況のもとに、長らくパクス－ブリタニカ（イギリスの平和）を誇ってきたイギリスの地盤沈下がきざし、そのためイギリスはアメリカ・ドイツ・日本に接近をはかった。そのうち、アメリカとは一九〇一年一一月一〇日にヘイ－ポンスフォート条約を調印し、アメリカのパナマ地峡支配権をみとめ、長年の英米間のトラブルを解消し、英米協力体制の基礎を築いた。

それに反して、ドイツとの妥協をめざしてくわだてた同盟交渉は徒労に終わり、その副産物として日英同盟ができたことは、以上にみたとおりである。ドイツは、駐英大使ハッツフェルトの再三の警告にもかかわらず、イギリスがロシアやフランスと妥協することを全く不可能と思い込み、結局はドイツを頼り、ドイツの条件を受諾するほかはないだろうと考え、どこまでも「自由の手」の政策を続けようとした。ここにドイツの根本的な情勢判断の誤りが見出され、英独同盟交渉挫折の真因のあったことが知られる。

ドイツとの同盟を断念したイギリスは、まず一九〇二年一月三〇日に日英同盟を結び、ついで、日露戦争勃発直後の一九〇四年四月八日に英仏協商を締結して、ドイツを驚かせた。イギリスが宿敵フランスとの和解を急いだ理由の一つには、極東での日露戦争にまき込まれることを防ぐという配慮があった。

日露戦争は単なる極東での局地的な戦争ではなくて、欧米列強の利害関係と有機的な関連をもっていた。この視点から日露戦争を眺めると、戦争中最も積極的な外交政策を打ち出して国際政治の展開に黒幕的な活動を演じた国はドイツであった。一九世紀末から二〇世紀の初頭にかけてのドイツは、世界の各地でイギリスとロシアが激しく衝突していたことによって、かえって、有利な地位に立っていた。この形勢を利用して、ドイツはロシアの極東侵略をいっそう積極的に煽動してイギリスとの対立を深め、それによってますます自国の国際的地位の優越性を保とうとした。

日露開戦はドイツのこの意図が現実のものとなったので、日露戦争はドイツの謀略によってひきおこされた戦争であったとさえ極言する論者もいるほどであるが、歴史の展開はドイツにとって、まことに皮肉であった。日露開戦の連鎖反応として英仏協商が成立したことは、かえってドイツ自身が「包囲」の脅威にさらされる羽目におちいることになったからである。ドイツはこれまでイギリスとロシアのあいだの対立をたくみに利用することによって、外交上の「自由の手」を保持してきたが、いまやこの政策の存立条件がまったく消失したことをさとらなければならなかった。そこで、ドイツはすべての努力を自国の地位の再建に向け、日露戦争の展開によってもたらされる国際的波紋を利用しながら、画策を積極化することが急務となった。

戦争の進展とロシア軍の連敗とは、ドイツが対露接近工作を開始する好機を提供した。黄海や蔚山《うるさん》沖の海戦以後、ロシアの極東艦隊がいちじるしく衰退したため、バルチック艦隊の極東回航問題が起こってきた。一九〇四年秋の独露同盟交渉はこの問題と関連して進められた。一〇月二四日、ホルシュタインは駐独ロシア大使オステン＝ザッケンを介し、ドイツに大陸同盟の計画のあることを説明し、バルチック艦隊への石炭供給の代償として、ロシアに同盟の締結を提議した。けれども、このときは、ロシア側では外相ラムズドルフがドイツのこの提議を、露仏間の親交を破壊しようとする下心から出た策動ではないかと警戒したため、交渉は難航した。結局、ドイツもつぎの機会の到来まで同盟締結を待つことになった。

❖カイザーの突飛な行動

日露戦争第二年目の一九〇五年には、ドイツはまず対仏強硬政策を発動してモロッコ事件（第一次）をひきおこした。ドイツはなぜ、とくにこの時期にフランスと激しく衝突したのか。

英仏協商の成立以来ドイツは、公式声明ではモロッコ問題に対して無関心をよそおっていたが、フランスの態度には大いなる不満をいだいていた。しかるにフランス外相デルカッセは、ひとりフランスに有利にモロッコを支配しようと策動し、とくに一九〇五年一月二九日には、明らかにモロッコの内政干渉となるような軍事と経済の改革案をスルタン（モロッコ王）に通告した。

上述の独露同盟交渉の頓挫は、モロッコ問題がこのような展開をみせていたときのことであった。当時、ドイツの国際的地位は日ましに低下していた。その改善のために焦慮の念をかきたてられていたドイツは、その究極の責任者をデルカッセと考えた。ところが、いまやそのフランスの同盟国であるロシアが、旅順や奉天での敗戦と、「血の日曜日」に始まる革命の発生に苦しんでいたので、フランスは露仏同盟をあてにすることができなくなっていた。このような国際情勢のもとで、ドイツ政府の内部に高まってきた現状打開の方策は、ホルシュタインの対仏冒険政策であった。フランスの提議した内政改革の要求に対して、モロッコ人のあいだにも反対の空気のみなぎっていることを知ったドイツは、スルタンがフランスの要求を拒絶するように工作した。

一方、ドイツは国際的支援を求め、モロッコ問題にアメリカをも介入させようと画策した。これは、中国の門戸開放問題について独米間に意見の一致をみていたことから、さらにセオドア＝ローズヴェルト大統領（在任一九〇一～〇九）の関心をモロッコにも向けさせ、この問題でもアメリカの協力を得ようとして画策したのである。カイザーをタンジールに上陸させることを立案したホルシュタインやビューローの決意の背景には、ドイツへの友好を表明したアメリカの態度についての楽観的な判断がその促進剤として作用していたことをみのがすことはできない。

このように、背後を固めたドイツの英仏協商に対する抗議は、まことに過激な方法をとることになった。三月三一日、カイザーが自らタンジールに上陸してスルタンと会見し、イギリスやフランスがドイツの意向を無視してモロッコで勝手な行動をとることを許さないという、ドイツの強い決意をほのめかした。この外交の常軌を逸した突飛なカイザーの行動は久しく謎とされ、単にカイザーの好戦的な性質に帰して説明されていたが、第一次大戦後の『ドイツ外務省文書集』の公刊によって、この企てはカイザーの本意によるものでなく、むしろホルシュタ

カイザーのタンジール上陸

インやビューローの描いた筋書による演技であったことが明るみに出されている。

一九〇四年四月六日付のビューローの訓令は、「モロッコの現状は、個々の国のあいだの特殊協定によってではなしに、すべてのマドリード条約締結国の関与のもとにおいてのみ変更されうる」と述べており、これがドイツの強硬政策を支える国際法上の根拠であった。一八八〇年のマドリード条約は、一三の参加国が最恵国約款の特権を保有することを定め、均等の原則を打ちたてているから、英仏協商はこれに違反する。したがって、モロッコ問題は国際問題であり、列国会議を召集して処理すべきであるというのがドイツの主張であった。

❖デルカッセの失脚

これに対して、フランスでは、ドイツの提起した国際会議の召集案を受諾すべきかどうかをめぐって議論が白熱した。強硬論者デルカッセは英仏協商によって得た権利を擁護するために、これを峻拒《しゅんきょ》する必要があると強調した。だが、拒絶することはドイツとの戦争を予期しなければならない重大な決意を要する問題であったから、彼はひそかにそれに備えて駐英フランス大使ポール＝カンボンに命じ、イギリスの軍事援助を確保するようにランズダウン外相と折衝させた。英仏協商では、イギリスはモロッコ問題に関しフランスに「外交的援助」を約束したに過ぎなかったのであるが、しかし、五月一七日のランズダウン・カンボン会談の結果の報告にもとづき、デルカッセはそれ以上の援助を期待できると確信した。

だが、一九〇五年一月二五日から首相に就任していたルーヴィエはデルカッセの判断を危険視し、外交をデルカッセに一任しておくことはできないと考えていた。モロッコでは、バルチック艦隊が日本海海戦で全滅した日に当たる五月二八日に、スルタンがドイツ案の国際会議の開催を受諾した。これらのフランスに不利な情勢の展開するなかで、ドイツは、五月三〇日、フランス政府に向かって、外交政策の指導者を更迭させることによってのみ現在の独仏危機を回避することができると通告し、デルカッセの辞職を直接強要するにいたった。

六月六日、フランスはこれに対する態度を決定する重大な閣議を開いた。デルカッセは強硬論に固執したが、陸軍大臣がフランスの軍備について悲観的な報告をした。これが最高方針の樹立に対する決定的な発言になり、ファショダ事件以来フランス外交を牛耳ってきたデルカッセは、ここに辞職をよぎなくされた。これはドイツの外交の勝利で、ついで国際会議開催案に対しても、デルカッセに代わって外相を兼任したルーヴィエ首相がローズヴェルトの調停を容れることにより、七月八日、ついに受諾の意志をドイツに通告した。このように、独仏戦争の危機はフランスの譲歩によって、ひとまず回避された。

❖ビヨルケの密約

ロシアとフランスの二国との両面戦争に備えて立案されたシュリーフェン計画は第一次大戦で一躍有名になるが、これは一九〇五年のモロッコ危機に直面して参謀総長シュリーフェンが作成した作戦計画である。シュリーフェンとホルシュタインはモロッコ危機に対して、武力に訴えてでもフランスを英仏協商から引き離そうと考えたが、カイザーは武力による解決の方法に反対であった。というのは、カイザーはロシアに接近して相互援助条約を結び、そのうえでそれへのフランスの参加を実現することにより、ドイツ・ロシア・フランスから成る大陸ブロックの形成に期待をかけていたからである。カイザーはその好機をビヨルケでつかむのである。

ビヨルケの密約とは、ポーツマス講和会議の開催直前に当たる一九〇五年七月二四日に、カイザーが単独でロシア皇帝ニコライ二世と会見し、一挙に締結した独露間の密約をさす。その調印が、フィンランド湾のビヨルケ水道で行われたことから、この名称がある。この独露同盟

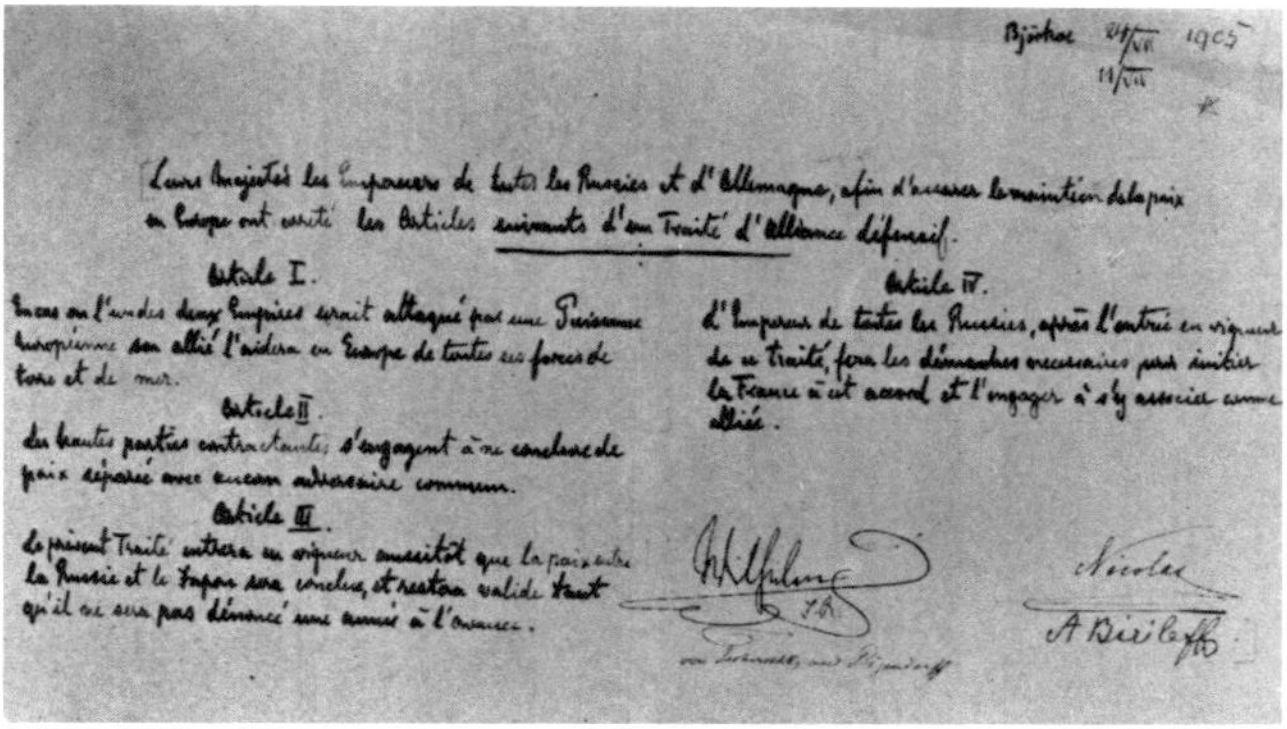

Björkoe 24/VII 11/VII 1905

Leurs Majestés les Empereurs de toutes les Russies et d'Allemagne, afin d'assurer le maintien de la paix en Europe ont arrêté les Articles suivants d'un Traité d'Alliance défensif.

Article I.
Au cas où l'un des deux Empires serait attaqué par une Puissance européenne son allié l'aidera en Europe de toutes ses forces de terre et de mer.

Article II.
Les hautes parties contractantes s'engagent à ne conclure de paix séparée avec aucun adversaire commun.

Article III.
Le présent Traité entrera en vigueur aussitôt que la paix entre la Russie et le Japon sera conclue, et restera valide tant qu'il ne sera pas dénoncé une année à l'avance.

Article IV.
L'Empereur de toutes les Russies, après l'entrée en vigueur de ce traité, fera les démarches nécessaires pour initier la France à cet accord et l'engager à s'y associer comme allié.

Wilhelm I.R. Nicolas
A. Birileff

ビヨルケ密約の正文

は効力を発生しないままで、世に現れなかったが、一七年のロシア革命によって全貌が暴露されて有名になった。

ところで、この密約がとくにこの時点で締結されたのは、いかなる事情によるものであるか。それについてまず想起すべき出来事は日本海海戦の帰趨《きすう》である。軍事情勢の激変は国際政治にさまざまの波紋を投げかけたが、ドイツの対露接近の策動は、その一つとして起こった。敗戦の知らせが届くと、ロシアでは早速ラムズドルフ外相らによってイギリスへの接近の手がさしのべられたが、この動きを予測していたドイツでは、イギリスやフランスが日露講和の仲介に成功するならば、やがてイギリス、フランス、ロシアと日本とのあいだに同盟への道が開かれることになるとおそれた。そこでカイザーははやくも六月三日に、ニコライ二世とローズヴェルトの両者に対して、日露間の居中《きよちゅう》調停の労をとることを惜しまないという決意を示した。これはイギリスやフランスの動きを妨げるために、ロシアおよびアメリカと親密な関係を保っておこうとするドイツの態度の現れであった。

ついで、カイザーの脳裏をかすめたものは、対露同盟交渉の再開の問題である。前年末の企てが頓挫した理由は、フランスの加盟問題であったが、それについてはデルカッセが失脚し障害物が除去されている。そこで、いまこそ多年の夢を実現できる好条件がそろったのであるから、カイザーとしては、あとは従兄弟のニコライ二世と個人的に会談する好機をつかむことだけであった。

日露戦争を利用した最後の対露交渉は、カイザーがニコライ二世の近海巡遊の機会をとらえ、ビヨルケで会見するという劇的な方法をとることによって実現された。このときの会談で即座にニコライ二世が密約の調印に同意した理由を知るためには、この時点のロシアの直面していた内外の情勢をかえりみなければならない。第一は、日露の講和交渉は妥結の見込みがまだ確定していなかったことである。もし日本との交渉が決裂すると、フランスの援助は期待できないときであるから、ロシアは外交的孤立のなかで戦争を継続しなければならなくなる。第二に、一九〇五年の革命は憂慮すべき状況になっている。事態は王朝の存立の危機だけでなく、万一のときの亡命さえ考慮しておかなければならない。このような事情を考慮するならば、カイザーの提議を二度までも無下に拒絶することに忍びなかったというのがニコライ二世の心境であったであろう。調印された条約は、つぎのようである。

全ロシア皇帝とドイツ皇帝陛下は、ヨーロッパにおける平和の維持を確保するために防御同盟条約の左の個条を締結した。

第一条―両帝国の一がヨーロッパの一国から攻撃された場合は、その同盟国は、陸海軍の全力をあげてヨーロッパにおいて援助する。

第二条―締約国は単独講和をしないことを約束する。

第三条―この締約は日露講和の日より有効であり、廃棄には一か年の予告を要する。

第四条―全ロシア皇帝はこの条約の効力発生ののち、その条項をフランスに通告し、フランスを本同盟に加入させるために必要な手続きをとる。

ヴィルヘルム　フォン＝チルシュキー

ニコライ　ビリレーフ

❖「反独連合は成立した」

得意の絶頂に達したカイザーは「一九〇五年七月二四日のビヨルケの朝はヨーロッパの歴史の転回点となった」と述べたが、この夢はすぐに崩れはじめた。まずビューローが、条文の第一条に「ヨーロッパにおいて」の一句をつけ加えられていることに対して、これは、ドイツがイギリスと戦う場合、ロシアによる応援義務の発生をヨーロッパにかぎることになって不利であると指摘し、カイザーに異議を申し立ててきた。彼はホルシュタインとともに、密約がフランスに対するドイツの圧迫手段として極めて有効であることをみとめていたのはもちろんのことであるが、しかし、この抗議は独断でビヨルケ密約を結んだカイザーの行為に対するもので、帝国宰相としての指導上の独自性を確保するためのポーズであった。

カイザーにとっての決定的な失望は、むしろロシア側の動きからおこった。ニコライ二世は一〇月七日付の手紙をカイザーに送ったが、それにはフランスの態度に藉口《しゃこう》して密約の廃案が通告されている。これがドイツの計画を根底からくつがえそうとする意図にもとづくものであったことはいうまでもない。

ニコライ二世が意見を変えてこのような手紙を発するまでには、ロシアの内部でつぎのような動きがあった。ウィッテはポーツマス会議から帰国したのちラムズドルフから密約の正文を見せられ大いに驚いた。というのは、この条文では、事実上の標的がフランスになるからである。第一条を具体的に考えると、ロシアがイギリスかフランスかのいずれかから攻撃を受けるとは想定できないから、実際上はドイツがイギリスまたはフランスと交戦したとき、ロシアはドイツを援助するために、露仏同盟の盟邦フランスに向かって宣戦布告をせざるをえないことになる。それゆえ、この密約は露仏同盟と両立しない。これがウィッテの驚きの理由であった。

そこで、ウィッテはラムズドルフとはかり、これを破棄する方法について議をこらした。その結果得た結論は、㈠この密約には外務大臣の副署がない、㈡フランスとの同盟と矛盾する、

㈢この密約の批准には事前にフランスの同意を求めることを必須の前提にしている、という三点を理由とすることであった。しかも、この密約は「日露講和の日より有効である」となっているので、密約の廃棄が実現されるまではポーツマス条約の批准交換を延期するということさえ、その方針として決めた。

だが、そのあいだにニコライ二世がポーツマス条約を批准したので、ビヨルケ密約はいよいよ効力を発すべき時期になった。そこで、ロシアとしては、ドイツに対して何らの手をも打たずにそのまま放置しておくことはできなくなったので、彼らはニコライ二世に働きかけ、ついにカイザーに手紙を送らせることに成功したのである。これが、前に述べた一〇月七日付の手紙にほかならない。

これに驚いたカイザーは一〇月一二日付の長文の手紙をニコライ二世に送った。そのなかで、カイザーは密約の効力発生が露仏同盟に抵触しないことや、将来もしフランスが加盟に反対し、そのためにある個条に変更を必要とするならば、ドイツはそれに応じることなどを力説したうえで、最後に、調印したものは調印したものであると述べ、あくまでこの密約の実施をニコライ二世に迫った。だが、ニコライ二世はカイザーに対して、一一月二三日、ロシアとしては露仏同盟を捨て去ることはできないから、密約第一条はフランスとの戦争に関するかぎり適用されない、という留保宣告を付加するように提議した。この留保をつけると密約の価値が低下するので、カイザーは失望した。

カイザーの期待をかけたビヨルケの密約は、このようにしてはかなく消え去った。カイザーは一一月二六日付のビューローにあてた手紙のなかで、「反独連合は事実上成立した。エドワード七世がこれをたくみにあやつっている」という絶望的な言葉を告白した。

ロシアは露仏同盟を基軸として、フランスを介してイギリスに接近するというラムズドルフの政策を、外交の基本路線としていた。そのために、カイザーの願いも空しく、両国政府の公式の決定として結ばれたものでなかったこの密約は、結局、うやむやのうちに葬り去られた。このことは、もはや君主間の個人的な関係だけで国家の相互関係を左右できるような時代ではなくなったことを示すものであるといえよう。

❖アルヘシラス会議と英露協商

ドイツの要求にもとづき、一九〇六年一月一六日からジブラルタル近郊のスペイン領アルヘシラスで、モロッコ問題に決着をつけるため国際会議が開かれた。帝国宰相ビューローはこの会議でドイツ外交を有利に展開できると信じていた。ここに集まった列国のうち、オーストリア-ハンガリーとイタリアは同盟国であり、また、モロッコの門戸開放の要求はアメリカの国是と一致するから支持を受けるはずであり、そのアメリカがイギリスを動かし、結局、ドイツの主張が会議を制すであろう、というのがビューローの予測であった。ところが、実際はビューローの判断がはずれ、アメリカが英仏側に廻ったのみでなく、イタリアも、すでに一九〇〇年と一九〇二年に仏伊協商を結びその関係を重視していたので、フランスの側に立ち、オーストリア-ハンガリーさえも、ドイツを支持したにせよ、その態度は消極的であった。最後に、ドイツが支持を期待したロシアも、日露戦争後の再建と革命の鎮圧に必要な資金をフランスから導入する交渉をしていたときであって、ドイツに味方することは許されない事情にあった。

このようにして、ドイツははじめから孤立していて、モロッコに対するフランスの優先権を拒否する目的はすべて失敗に終わり、四月七日にアルヘシラス議定書が調印され、第一次モロッコ危機はひとまず閉幕となった。これは、単にビューローの外交の失敗のみでなく、この会議を通じて、三国同盟そのものの解体の危機さえ露呈され、ドイツの政策決定者たちの苦悩は深刻であった。

イギリスとロシアの接近を長らく妨げてきた最も重大な係争点の一つは極東での両国の対立であったが、ロシアが日露戦争に敗れ、もはや極東でのイギリスの脅威でなくなった。それに代わって、日露戦争後のヨーロッパでは、英独対立が顕著となり、イギリスはロシアを対ドイツ包囲網の一環として加入させていくことが緊急の課題になった。モロッコ問題をめぐるドイツの行動が結果としては英露両国の和解に貢献したことになったが、これはアルヘシラス会議の経過からもうなずくことができる。さらに、政治的財政的にフランスと密接に結びついていたロシアがイギリスへの接近を決意するに当たって、三B政策を推進していたドイツの、とくにペルシアへの進出が重要な要因となったことはいうまでもない。一九〇六年にエドワード＝グレーとアレクサンドル＝イズヴォルスキーがそれぞれ英露両国の外相に就任するにおよび、英露関係の改善は順調に進展し、一九〇七年八月三一日にペテルブルクで、両国はペルシア・アフガニスタン・チベットに関する英露協商を調印した。ここに二〇世紀初頭の外交革命が完成し、三国協商体制ができ上がった。その包囲体制下におちいったドイツは、三国同盟も頼むに足らず、多難の前途を予測しなければならなかった。

Ⅲ

包囲体制下のドイツ

極東政策

❖日露戦争と国際関係の変動

日露戦争は日本海海戦における日本海軍の決定的な勝利と、「血の日曜日」に始まるロシアの革命情勢のなかで、講和への機運が高まり、日露均衡論を持論とするアメリカ大統領ローズヴェルトの仲介により小村寿太郎全権とウィッテ全権との会談の結果、一九〇五年九月五日、ニューハンプシャー州のポーツマスで日露講和条約が調印された。この戦争の終結は国際関係の展開にとって根本的な変化を招来した。これをヨーロッパの国際関係からみると、ロシアの敗戦はこれまで英露間にみられた国際関係の基本的な対立関係を解消するとともに、それによって、おおわれていた英独関係の対立を前面におし出してくる転機になった。これが第一次大戦の発生に直結する基本的な対抗関係の形成を意味することはいうまでもない。

さらに、日露戦争の結末は極東および太平洋問題に対しても重大な影響をあたえた。日米関係に根本的な変化が現れたからである。日米はペリーの来朝以来、概して友好関係を保ち、その頂点が日露戦争とその講和であった。ところが、日露戦争後の日本の大陸政策がしだいに中国への独占化政策の傾向を示し始めると、門戸開放を原則とするアメリカの中国政策と激しく対立するようになった。しかし、イギリスは第一次大戦までは日本を対独包囲網の一環として利用する必要があって、日英同盟を尊重していたから、対日政策について英米間の歩調がそろわず、アメリカの反日政策を支持できなかった。そこで、日本の中国進出が極めて有利であったのに反して、アメリカは極東で国際的孤立をよぎなくされた。

ところで、日露戦争後ヨーロッパでイギリスとフランスの包囲政策の術中におちいったのはドイツである。カイザーはこの流れから逃れるために、さまざまな対策を講じようと焦った。そうしたなかで日本の大陸進出は一方で清国に重大な脅威をあたえるとともに、他方で、アメリカの極東政策の妨害となったので、ドイツは反日政策をとることによって、独米清三国のあいだに反日という点で提携しうる条件を見出すことができた。

一九〇七年、日本は英露協商の成立に先立って、日露戦争後の国家財政再建のために依存したフランス資本の導きにより、六月一〇日には日仏協約を、七月三〇日には日露協約を締結した。これは日本が反独陣営に加入したことを意味するものであって、ドイツを強く刺激した。そこで、ドイツは、八月三一日の英露協商の締結によって、イギリス・フランス・ロシアの三国協商が成立すると、この結合方向に対する対抗措置として、一九〇七～〇八年と一〇～一一年の二回にわたって、清国に働きかけて反日政策で一致しうるアメリカを引き込むように積極的に暗躍した。

❖独米清三国協商にかけて

すでに一九〇六年秋、カイザーはベルリン駐劄《ちゅうさつ》の清国公使廕昌《いんしょう》に向かって、清国と和親協商を結びたいと語っていたが、この企てが本格的な動きをみせるのは、北京駐劄のドイツ公使レックスの一九〇七年七月四日付の電報からである。日英仏間に同盟協商関係ができたために、その他の国々の中国での経済活動がおびやかされるようになった。そこで、レックスはこれに対抗するために、ドイツは極東でアメリカやロシアと結束する必要があり、このことはイギリス・フランスや日本の圧力から中国を解放することになり、清国からは歓迎される、とみている。この報告がドイツ政府に届いたのは第一次日露協約の成立するすこし前のことで、レックスはその時点ではロシアをも加入させることができると楽観していた。カイザーはレックスの提案を容れ、九月一六日に、この同盟案についてアメリカ政府の意向を打診するようにと、駐米ドイツ大使シュテルンブルクに訓令をあたえた。アメリカでは移民問題をめぐる日米危機が高まっていたおりから、同年一二月五日付のドイツ外務省にあてたシュテルンブルクの報告には、「アメリカ政府は孤立主義の原則があるので、公式の同盟関係にはいることはもちろんできないが、その代わり三国の共同を前進させるためにある種の了解を協定してもよい」とローズヴェルトが発言したことが記録されている。そしてまた、ドル攻勢を画策していたアメリカの奉天総領事ウィラード＝ストレイトが袁世凱《えんせいがい》（外務部尚書兼軍機大臣）の反日政策をバックアップすることを熱心にローズヴェルトに意見具申しており、一九〇八年秋には、清国は独米清協商の交渉をふくむ密使として、唐紹儀《とうしょうぎ》をまずアメリカに派遣するというところまで、この交渉は軌道に乗っていた。ところが、この計画は小村寿太郎外相のリードする日本の対米協調政策に先手を打たれて、高平・ルート協定の名で知られる一九〇八年一一月三〇日の日米協商の成立とともに頓挫し、続く同年末に起こった袁世凱の失脚を中心とする清国の政変によって瓦解した。

一九〇九年にはいると、ドイツは湖広鉄道借款を計画する張之洞《ちょうしどう》に接近した。張之洞は湖広総督として、官界に勢力をもつ袁世凱の政敵であった。ドイツの対米接近の好機は、ノックス国務長官が積極的に推進した一九〇九年末の満州諸鉄道中立化提案とその失敗という出来事の発生とともに到来した。カイザーは失意のノックスの心境からアメリカの対独接近の意志を誇大に読みとり、一九一〇年六月にベルリンを訪問した清国の皇族載濤《さいとう》や帰国する予定の清国公使の廕昌を招き、独米清三国結合の重要性を強調した。

ベートマン（右）とカイザー

一〇年七月四日に第二次日露協約の成立したことが伝わると、カイザーは「黄禍がヨーロッパを攻撃しても、スラヴ人は何ら抵抗しないばかりでなく、むしろヨーロッパを裏切って黄禍を支持するだろう。したがって、これに対抗するためには、いぜん清国を加えた独米協商の締結が残されているのみである」と述べ、ロシアを非難しているが、これは、その反面で、彼がいかに清国の向背に関心を寄せていたかを明らかにするものである。ついで、同年九月末にカイザーは「廕昌に全幅の信頼をおいている。ドイツは何としても、オスマン帝国と清国とをイギリスの包囲政策外においておくように助けなければならぬ」と帝国宰相ベートマン＝ホルヴェーク（一八五六～一九二一）に向かって語っている。「瀕死《ひんし》の病人」のオスマン帝国と「眠れる獅子」の中国以外に頼れる国のないことを告白したカイザーのこの言葉から、われわれはこの時点における包囲の重圧の深刻さを読みとることができる。

❖包囲体制打破の行きづまり

第二次日露協約の成立にともなう中国分割の風評の高まりのなかで、清国は梁敦彦《りょうとんげん》（外務部尚書）をベルリンに特派して領土保全を目的とする独米清協商の問題を協議させるとともに、幣制改革と満州の防衛強化策を打ち出し、そのため盛宣懐《せいせんかい》（郵伝部尚書）に、駐清アメリカ公使カルフーンとのあいだでアメリカ単独の借款供与を折衝させた。だが、アメリカはまず借款問題については清国の希望に反して英米仏独による四国借款団にゆだねることを強調し、ついで、政治協定として、ドイツを除外した米清二国間のみの無制限仲裁裁判条約の締結を提議した。このころアメリカは満州諸鉄道中立化案の失敗を経験したことから、イギリスを刺激することを極度に警戒するようになっていたのである。

ドイツがアメリカ案を拒否したことはいうまでもない。一一年三月一一日付の駐米ドイツ大使ベルンシュトルフのドイツ外務省あて報告には、梁敦彦がワシントンを訪問しノックス国務長官に翻意を求めたが、ノックスの態度は強硬で、むだであったということが述べられている。このようにして、第二回目の独米清協商案もふたたび挫折するほかはなかったが、それとともに、極東問題から包囲体制を打破する道を開こうとしたカイザーの方策もすべて行きづまらざるをえなかった。

日露戦争後のドイツがイギリス・フランスの包囲政策を打破する対策を全然立てることができなかったかどうかをたずね、その有力な政策とみられる独米清三国の結合問題の消長を跡づけた。これが単なるカイザーの妄想でなかったことは、清国の反日政策の一環として「夷をもって夷を制する」政策に結びついたという事実に現れたが、それがさらにアメリカの極東政策にも訴えうる側面をもっていたことは、一九〇七〜〇八年の第一回目の独米交渉の経過から明らかである。だが、その成否を左右したものはアメリカの進退であったから、第一回目の提議が第二回目のそれよりもいっそう現実性に富んでいた。したがって、それによって孤立化の道から逃れようとしたカイザーの努力は、第一回目の交渉が挫折した一九〇八年末に、すでに空しくなっていたといわねばならない。

一〇年から一一年にかけての時期には、アメリカはドイツを捨ててイギリスに接近する態度を固め、イギリスにもまた、これまでアメリカに対してとっていた冷淡な態度を変えようとする傾向がみられた。たとえば、一一年七月一三日に成立した第三次日英同盟に、日米戦争が発生した場合にイギリスが日本援助の義務から免れることを規定した一項がつけ加えられたことが、その典型的な現れといってよい。アメリカのこの時期の最大の懸念は英米関係の調整にあり、独米関係密接化のごときは次善の策に過ぎなくなっていた。それにもかかわらず、さらに一一〜一二年の辛亥革命の際に協調関係の再燃した独米共同行動の機運を、カイザーが相変わらず対米接近への妙案とでも考えていたとすれば、それははかない夢であったというべきであろう。

内政改革と国際的地位

❖内政上の懸案

第二帝政下ドイツの内政上の懸案は多々あったが、そのなかでも最も重要な案件の一つは三級選挙法廃止の問題である。本来、この制度は一八四九年五月三〇日にプロイセン下院の選挙制度として欽定の形で発布されたもので、財産資格による不平等・間接・公開がその特色であり、七一年のドイツ帝国建設以後も、この制度は生きていた。最も純粋な形でこの制度が維持されていたのはプロイセンで、帝国議会から地方自治体にいたるまで貫かれていた。実にこの三級選挙法こそユンカー支配の基盤を構成する制度で、これは同時に全ドイツの保守勢力を支える柱にほかならなかった。この制度のもとで、国家への貢献度は租税の負担額にもとづいてはかられ、全有権者は納税額によって上・中・下の三階級に分けられ、多額の納税者はそれに応じて多くの権利をみとめられていた。そしてまた、この制度の特色の一つである公開とは、各有権者が選挙役員の有力者の前で、投票する人物の名前を口答で申告するという方法である。このような非民主的な選挙制度が新時代に批判の対象となったのは当然である。

いま一つの案件は責任内閣制度確立の問題である。ドイツ帝国はしばしば偽装した立憲主義の国家といわれる。これは、帝国宰相は皇帝に対して責任をもつのみで、議会に対して責任を負う必要がないという国家の機構にもとづくものである。カイザーはこの機構に拠《よ》って「個人支配」の「親政」を進めてきたが、このような政治形態でのカイザーの専制支配に対して、当然、議会主義化が叫ばれていた。

ベートマン=ホルヴェーク

たまたま、一九〇五年から〇七年にかけてのドイツはアフリカにある植民地で原住民の反乱に悩まされていた。近年のドイツの歴史学の研究の教えるところによると、このときのドイツ領南西アフリカのヘレロ族やドイツ領東アフリカのマジマジ反乱を鎮圧するに当たって、ドイツの軍隊は極めて残虐な方法をとり、単なる鎮定に留めず、絶滅をはかろうとした疑いさえあることが明るみに出されている。その犠牲者の数は甚大で、その方策はナチスの絶滅政策の先駆を思わせるほどの残酷さであったことが指摘されており、この事実がドイツ史における連続性を解明する際の問題点の一つとして注目されている。

さて、その当時は、鎮圧に要する莫大な討伐費が問題になっていた。一九〇六年、そのころ政府の与党に廻っていた中央党は社会民主党と協力して植民地経営の紊乱《びんらん》を追求し、政府反対の決議を通過させて反乱討伐費の計上を否決した。これに対して、帝国宰相ビューローは中央党と社会民主党を抑えるために、これまでの保守党―中央党のブロックを解消して、保守党―国民自由党―左翼自由派（自由思想家人民党）のブロックに編成しなおそうとした。この方針は、社会政策の理論家として一八九九年以来内政をリードしてきた内相ポザドウスキーが中央党と密接であったことによって失脚し、ベートマン＝ホルヴェークと交替するという余波をひきおこしたが、しかし、選挙の結果は社会民主党が大敗し、そこでビューローの新しいブロック政策はひとまず成功した。新しいビューロー＝ブロックはドイツの民主化を要求していた諸党を与党としていたから、ビューローが強力にその路線を推進していけば、帝政の将来を一変しうる可能性があったといってよい。

❖「デーリー-テレグラフ」事件

一九〇八年秋、議会主義的な政府を樹立するためには好機となる事件が発生した。「デーリー-テレグラフ事件」がそれである。

THE DAILY TELEGRAPH, WEDNESDAY, OCTOBER 28, 1908.

QUEEN ALEXANDRA'S CHRISTMAS GIFT BOOK

"PHOTOGRAPHS FROM MY CAMERA."

THE HEAVY DEMAND SUSTAINED.

Yesterday's announcement that an additional 100,000 copies of Queen Alexandra's Gift Book were being printed had the expected result. Orders have since been received bespeaking between 20,000 and 30,000 copies. At this rate the whole half a million volumes in print will have been disposed of in a few days. That fact need not give rise to any fears on the part of intending purchasers who do not happen to make application before this huge quantity is sold. As we have already explained, the publishers will be able to cope with the demand, even should it be for a million copies or more. But this assurance does not render it less desirable that applications should be sent in at the earliest possible moment.

THE GERMAN EMPEROR AND ENGLAND.

PERSONAL INTERVIEW.

FRANK STATEMENT OF WORLD POLICY.

PROOFS OF FRIENDSHIP

We have received the following communication from a source of such unimpeachable authority that we can without hesitation commend the obvious message which it conveys to the atten-

uppermost in his mind—his proved friendship for England. "I have referred," he said, "to the speeches in which I have done all that a Sovereign can to proclaim my goodwill. But, as actions speak louder than words, let me also refer to my acts. It is commonly believed in England that throughout the South African War Germany was hostile to her. German opinion undoubtedly was hostile—bitterly hostile. The Press was hostile; private opinion was hostile. But what of official Germany? Let my critics ask themselves what brought to a sudden stop, and, indeed, to absolute collapse, the European tour of the Boer delegates who were striving to obtain European intervention? They were fêted in Holland; France gave them a rapturous welcome. They wished to come to Berlin, where the German people would have crowned them with flowers. But when they asked me to receive them—I refused. The agitation immediately died away, and the delegation returned empty-handed. Was that, I ask, the action of a secret enemy?"

"Again, when the struggle was at its height, the German Government was invited by the Governments of France and Russia to join with them in calling upon England to put an end to the war. The moment had come, they said, not only to save the Boer Republics, but also to humiliate England to the dust. What was my reply? I said that so far from Germany joining in any concerted European action to put pressure upon England and bring about her downfall, Germany would always keep aloof from politics that could bring her into

「デーリー＝テレグラフ」紙

カイザーはイギリスとの関係を好転させることをねらい、旧知のイギリスのスチュワート＝ワートリー大佐との会談記を、一〇月二八日付のイギリスの新聞「デーリー＝テレグラフ」に発表した。それによると、㈠ドイツの艦隊はイギリス海軍でなく日本海軍に向けたものであり、㈡南アフリカ戦争の際、ロシアとフランスがドイツに向かって、イギリスに対する共同干渉を秘密裡に提案してきたが、カイザーはこれを拒否し、その策謀をヴィクトリア女王に報告したうえ、㈢ドイツ参謀本部と協力してブール人打倒のための作戦計画を練り、これをロンドンに通報した。これは、ロバート卿が南アフリカ戦争に勝利を導いた作戦計画とほぼ一致している。今日、ドイツが、これらの努力にもかかわらず、イギリスの敵とみなされているのは残念だ、というのがその要旨である。

　カイザーはインタビューの記事を「デーリー＝テレグラフ」に送る前に、本文をビューローのもとに送り、必要な訂正と削除とを加えるように依頼したが、多忙のビューローは外務省にその検討を指令し、外務省は若干些細な点を変更したのみで、公表に踏み切った。外務省には一九〇〇年二月四日付のイギリスに打電したカイザー直筆の原文が保管されていたのに、外務省はカイザーの書いた「作戦計画」云々のところを訂正しなかった。それは、「トランスヴァールにおける戦争についての二、三のアフォリズム（警句）」であるが、この情報は、しょせん、イギリス参謀本部には何の利益にもならない戦況に関する一般的考察に過ぎず、ドイツ参謀本部が協力した形跡はなかった。だが、カイザーに対する尊敬の念にしばられていた官僚たちのなかには、誰も進んで加筆訂正するものがなく、また、公表にともなう反響を適切に予測するだけのセンスをもち合わせていなかった。

それはともあれ、ビューローが自分の目でカイザーの原文を読まなかったことは取り返しのつかないミスであり、この事件ほどカイザーのもとでのドイツ帝国がどのように統治されていたかを端的に示す好例は、ほかには見当らない。カイザーの軽率な発言は英独両国の世論を激昂させる結果を招いただけであった。イギリスは、南アフリカ戦争の勝利がドイツの助言に拠るというカイザーの主張を重大な侮辱であると憤慨し、また、ドイツの大海軍建設がイギリスに対抗するためのものであることは明瞭であるのに、イギリスの歓心を買おうとする見えすいた発言だと鋭く批判され、すべてはカイザーの志に反して逆効果になった。

❖「個人支配」打破の好機

ドイツでも、この記事が公表されると、国民のあいだに、保守派から社会主義者にいたるまで、かつてない怒りがカイザーに対してまきおこり、かねてから批判されていたカイザーの「個人支配」に対する攻撃がいっせいに爆発した。一一月一〇日と一一日の帝国議会での論戦では、事件の重大な責任を負うべきビューローはカイザーを弁護せず、そのためにカイザーはビューローに対して個人的な憎悪の念をいだくようになった。

一一月一七日、ビューローはカイザーに謁見した。カイザーは激怒していたが、国民感情の前にビューローを罷免することもできず、その会談の結末として、「皇帝は憲法上の責任を守り、帝国の政策の恒常性を保証するであろう」という布告を発した。

ここに、カイザーが「個人支配」を断念したかのような印象をあたえた。そこで、ビューローに議会政治を確立する断固たる信念があったならば、「デーリー‐テレグラフ」事件は議会に責任を負うべき外務大臣に外交を一任するという制度を樹立することのできる好機であり、また、それ以上に、議会に責任をもつ合議制の内閣を作らなければならないはずであった。ところが、実際は、ビューローはそのための行動を起こさなかった。ビューロー自らが何よりも議会政党に政治外交の主導権を奪われることをおそれていたからである。

だが、ビューロー-ブロックそのものがまもなく崩壊した。その原因の一つはプロイセンの選挙法改革であった。一九〇九年一月左翼自由派がふたたびプロイセン下院の三級間接選挙制の改革案を上程したが、これに対して、保守党が拒否したことにより、ブロック内部の対立が露呈された。いま一つの原因は帝国の財政問題であった。ドイツ政府はあいつぐ軍備の拡張にともなう軍事費の増大を、相続税(直接税)に拠って切り抜けようと計ったが、大土地所有者への負担になることをおそれて保守党が頑強に反対し、一九〇九年六月にこの案を否決した。七月一四日にビューローが帝国宰相を辞職したのはそのためであった。未解決のままに残されたこれらの課題は、すべて内務官僚出身の後任帝国宰相ベートマン=ホルヴェークに受けつがれるのである。

❖第一次大戦の萌芽

日露戦争後ロシアが対外政策の重心をダーダネルス・ボスフォラス両海峡に向けると、国際政治の焦点はバルカンに移った。一九〇七年に三国協商が成立したが、そのころのバルカンでは、オスマン帝国の余勢が残っていて、オーストリア-ハンガリーとロシアの対立はまだ決定的な関係におちいっておらず、むしろ、ロシアはイギリス・フランスとドイツ・オーストリア-ハンガリーとのあいだにあって流動的な立場にあったとみてよい。たまたま、一九〇八年七月二四日、オスマン帝国では、日露戦争の日本の勝利に刺激を受けた青年トルコ（青年トルコ人）が革命を起こし、オーストリア-ハンガリーはその攻勢に対抗して、スラヴ民族の居住するボスニア・ヘルツェゴヴィナ二州の完全併合をもくろんだ。そこで、オーストリア-ハンガリーとロシアはトルコに対する政策を協議することになり、同年九月一六日、ロシア外相イズヴォルスキーがメーレンのブーフラウ城を訪ねてオーストリア外相エーレンタールと会見した。両国のあいだではオーストリア-ハンガリーが二州を併合する代償として、ロシアのボスフォラス・ダーダネルス両海峡通航問題を支持することで、妥協が成立した。ついで、イズヴォルスキーは英露協商の交渉の際、イギリスが海峡問題について、ロシアの希望に暗黙の了解をあたえていたので、列強の同意を得られると楽観していた。そのためにローマやロンドン、パリを訪ねて交渉に当たったが、予想に反して、三国協商の誼《よしみ》でもロシアの希望はことごとく容れられず、現実の厳しさを知らされた。

ところが、一〇月五日にブルガリアがトルコからの完全独立を宣言すると、オーストリア-ハンガリーもそれに乗じて、翌六日、突如としてボスニア・ヘルツェゴヴィナ二州の併合を断行した。これはベルリン会議以来の既成事実を合法化する措置であったとはいえ、ベルリン条約違反であることに相違なく、二州の住民のセルビア人やクロアチア人の感情を無視した行動であった。

この事件に対するドイツの立場は微妙であった。ドイツはオーストリア＝ハンガリーをオスマン帝国への陸橋として重視していたが、他方でオスマン帝国の感情を刺激することも極度におそれており、それとともに、ロシアとの関係がこれ以上悪化しないよう望んでいた。そこで、カイザーはまず最初、ドイツのこの配慮を無視したエーレンタールの強行措置に対して、重要な同盟国ではあるが、痛憤の情を示した。彼はこのようにオーストリア＝ハンガリーの政策を無条件に支持することに批判的な政治感覚をもっていたが、しかし、結局は、ヨーロッパ国際関係の全体のなかにおかれたドイツの立場についての判断から、オーストリア＝ハンガリーを支援する決意を固めた。一九〇九年一月、ドイツ参謀総長モルトケ（一八四八〜一九一六）がオーストリア参謀総長コンラート＝フォン＝ヘッツェンドルフと万一の場合に備え軍事協力を協議し、ついで三月、ドイツ政府はロシアに対して、オーストリア＝ハンガリーによる二州の併合をみとめるように強く勧告した。

ロシアは当時まだ日露戦争と第一革命による弱体化が回復していなかったので、一戦を賭しても二州の併合に反対しようとしていたセルビアを軍事的に援助する余力がなく、ドイツの圧力に屈した。その結果、セルビアもオーストリア＝ハンガリーの併合をよぎなく承認した。同年九月末、イズヴォルスキーは外交の失敗の責任をとって外相を辞任し、サゾーノフに代わった。

このようにして、オーストリア＝ハンガリーによるボスニア・ヘルツェゴヴィナ二州の併合にともなう一九〇八～〇九年の国際危機は一見、ドイツとオーストリア＝ハンガリーの外交の勝利とともに落着したかにみえた。しかし、この事件を通して、ドイツが同盟国オーストリア＝ハンガリーの政策によって左右される度合を強めたことは、憂慮すべき事態の顕在化といわねばならない。それとともに、二州の併合は、ロシアを盟主とする汎スラヴ主義にとって、汎ゲルマン主義の挑戦であり、さらに、二州の東方で独立を保っていたセルビアに対する重大な脅威となった。第一次大戦を誘発するサライェヴォ事件への道がここにあったことをみのがしてはならない。

❖国際関係改善の努力

一九〇九～一〇年ごろ、ドイツの国際的地位は表面的にはやや回復されたようにみえた。フランスとのあいだに、一九〇九年二月九日、モロッコ問題でカサブランカ協定と呼ばれる植民地協定の成立したことが、その第一である。ドイツはアルヘシラス会議以後モロッコに対する野心を放棄したような態度をとっていた。この協定は、ドイツがモロッコでのフランスの政治的特別利益を妨害しないことを約束したのに対して、フランスがモロッコの独立と保全を約束し、経済上の機会均等を尊重することを取り決めたものである。この協定を成立させたドイツ

ジョージ五世（右）とカイザー

側の推進者は、当時帝国宰相であったビューローや外相シェーンでなく、キダーレン＝ヴェヒターであった。彼は、一九〇六年四月にホルシュタインが辞職したあと、一九〇八年一一月から翌年三月まで外相代理を勤め、この協定の締結に尽力した。

この時点でドイツがフランスに譲歩してカサブランカ協定を締結したのは、現段階で何ともできないモロッコ問題でフランスと争うよりも、むしろ、ボスニア・ヘルツェゴヴィナの問題についてフランスの支持をとりつけるほうが有利であると判断した結果と考えられる。事実、フランスはこの二州の問題では、ロシアの窮状を救う措置を何らとらなかった。その理由は、このカサブランカ協定にもとづく独仏了解の結果にほかならなかった。

第二には、ロシアがボスニア・ヘルツェゴヴィナ二州の併合問題をめぐって、海峡問題の解決に失敗したため、ドイツに接近してくる傾向を示したことを指摘することができる。この国際危機でロシアがドイツに譲歩した背景の一つとして、モロッコ問題での独仏関係の接近を意味するカサブランカ協定の影響を考えることができる。第三には、この時期のイギリスとの関係を想起する必要がある。イギリスでは、一〇年五月六日に、ドイツに対して厳しい態度をとってきたエドワード七世がなくなるという出来事がおこった。カイザーは直ちに大葬に列席し、これを通して、イギリスとの関係を改善する契機をつかもうと努めるとともに、次帝ジョージ五世に友情を示した。

一〇年の夏から秋にかけて、ドイツとロシアの両国のあいだには、両国元首の会談による親善関係回復を願う雰囲気が生まれ、一一月四～五日に、ニコライ二世とサゾーノフ外相とがポツダムを訪れ、カイザーと会談した。この懇談の際、ドイツはオーストリア-ハンガリーとの同盟からの離脱の可能性について、また、ロシアは三国協商からの離脱の可能性について相互に約束をかわしたほか、ドイツは北ペルシアをロシアの勢力圏とすることを承認したのに対して、ロシアは長年反対してきたドイツのバグダード鉄道の建設に賛意を表し、友好的な雰囲気が醸成された。

この時期のドイツはこのようにして、オーストリア-ハンガリーと結合してオスマン帝国と緊密化をはかることを前提とし、さらに、フランスやロシアとの関係の改善も軌道に乗りかけ、大陸ブロックの形成という宿願を果たすこともできるかにみえた。

大戦前夜のドイツ

❖第二次モロッコ事件

モロッコではしばしば暴動が発生していたが、一九一一年二月末に突発した騒擾は従来になく規模が大きく、また、地域が首府フェズに近かったため、事件の成り行きが憂慮されていた。とくに、アルヘシラス協定によると、フランスの警察権はこの年の末で満期になるので、フランスの焦慮は大きく、ついに四月一七日、フランスは出兵し、五月二一日には首府フェズに入城した。

フランスのフェズ占領は、ドイツに、フランスがアルヘシラス協定を侵犯したと叫ぶのに絶好の機会をあたえることになった。ドイツ外相キダーレン=ヴェヒターは、もしフランスがドイツにしかるべき代償を提供するならば、フランスのモロッコ領有を黙認しようという態度に出た。そして、この要求を強化するため、ドイツは軍艦をモロッコに派遣し、フランスに対して圧力をかけようという政策を立てた。

一九〇六年のアルヘシラス会議以来、ドイツはモロッコ問題でフランスと協調してきたが、このときにいたり突如としてふたたび強硬政策に転じ、一一年七月一日、軍艦パンテール号を南モロッコのアガディールに急派し、フランスの出兵に対抗する措置をとった。独仏関係はこのためにわかに緊迫した。これが第二次モロッコ事件といわれる独仏危機であるが、この政策を発動したドイツの政策決定者は外相キダーレン＝ヴェヒターであった。ドイツでは重要な外交交渉は帝国宰相がその衝に当たることが国制上必要であるが、ビューローの後をついだ第五代目の帝国宰相ベートマン＝ホルヴェークは外交に不馴れのため、異例の措置として、外相キダーレンがいっさいの外交事務を担当していたのである。

ドイツは第一次モロッコ事件のとき、国際会議の開催を強要して、かえって失敗した経験から、この度は、もっぱらフランスと単独交渉して問題を解決しようとはかり、七月一五日に、キダーレンは駐独フランス大使ジュール＝カンボンに対し、ドイツがモロッコから手を引く場合の補償を示した。それによると、ドイツへのフランス領コンゴの譲渡が示されており、ドイツが中央アフリカに広大なドイツ領植民地を建設する計画のあったことが知られる。パンテール号の派遣はモロッコにおけるドイツ人の生命財産の保護を名目として行われたが、この示威行動がモロッコの騒乱につけこんで利益の分配をねらったものであったことは、この補償要求に表れていた。だが、フランスはドイツの要求の過大さに憤激し、本来妥協的であった首相カイヨーも態度を硬化させ、代償の交渉は進捗《しんちょく》しなかった。

さらに、事件の展開に決定的な役割を演じたのはイギリスであった。七月二一日、蔵相ロイド゠ジョージはマンション-ハウス（ロンドン市長官邸）でドイツに対する強硬な威嚇演説を行い、公然とフランスの支持を叫ぶとともに、イギリスはフランスと重大な軍事協議を行い、フランスの側に立ってドイツと戦う決意を示した。独仏二国間のみの和解が直接成立すると、三国協商の基盤の崩れるおそれがあり、それは、さらに、ドイツがバランス-オブ-パワーを崩して、ヨーロッパで覇権をにぎる可能性のあることを意味する。イギリスのドイツに対する峻烈な態度はこの危機意識に由来すると解される。

ドイツはフランスと和解し、英仏協商の弱体化をねらったが、イギリスの断固たる決意の表明により、キダーレンも譲歩し、ドイツの企ては失敗に終わった。一一月四日、ドイツはフランスと条約を結び、あまり価値のないドイツ領カメルーンの領土拡大という威信上の成果のみで引き下がることになった。これは、フランス領コンゴの一部の二七万平方キロメートルの土地に過ぎず、さらに、ドイツは長年争ってきたフランスのモロッコ支配を最終的に承認することになった。もっとも、この取り引きは両国とも不評で、ドイツはその批准に苦心を払わなければならなかった。フランスでは、カイヨー内閣がその責任を負って倒れ、一二年一月三〇日に成立したポワンカレ内閣の努力によって、かろうじてこの協定は二月一〇日に議会を通過した。そこで、同年三月三〇日、モロッコはついに正式にフランスの保護国になった。第二次モロッコ事件はこのようにして、結局、英仏関係の強化に寄与したのみで落着した。

❖第二帝政への批判の高まり

一九〇九年七月一四日のビューロー辞職のあとを受けて帝国宰相に就任したベートマン＝ホルヴェークが外交に不向きの政治家であったことは前に述べたとおりであるが、彼の時代のドイツの直面した最初の大事件となった第二次モロッコ事件は、第一次モロッコ事件やボスニア・ヘルツェゴヴィナ併合問題よりも、ドイツの世論にあたえた影響は一段と大きかった。それだけに、その結末としてドイツ領になったところが、広大なフランス領コンゴでなく、コンゴとウバンギに接する二条の細長い土地に過ぎないことが判明したとき、民衆は激しく落胆し、外交の失敗に対して政府を問責する声が高まった。全ドイツ連盟の機関紙はカイザーの弱腰を公然と非難する論陣を張ったし、このような雰囲気のなかで行われた一二年一月の帝国議会の選挙では、社会民主党が保守党や中央党を破って、三九七議席のうち一躍して一一〇議席を占める第一党になった。これは、第二帝政の反対派が議会で多数を制したことを示す出来事である。それとともに、社会民主党が帝国最大の政党に成長した背景には、社会民主党自らも、革命政党から議会政党への転換を推し進める修正主義路線を明瞭にしたことと無関係には考えられない。

軍部の横暴に対する批判も高まった。一三年秋、アルザスの小都市ツァーベルンで軍隊と住民のあいだにトラブルが起こった。若い下級将校が新兵教育の際、住民を侮辱する発言をしたことが、その年一一月六日の地方新聞にとりあげられ、軍隊に対する住民の反感が高まった。ここは、アルザス地方では数少ないドイツ本国に協力的な町であったにもかかわらず、連隊長ロイター大佐がこの部下をかばうのみで、住民に謝罪の態度を全然示さなかったことから、これはアルザス人に対する侮辱ということになり、そのあと軍隊に抗議する街頭デモがくりかえされるほどに、騒ぎが大きくなった。もともと、些細な出来事であったのに、帝国議会でも問題になり、プロイセン陸相ファルケンハイン（一八六一～一九二二）や帝国宰相ベートマン＝ホルヴェークが軍当局の処置を擁護したために、かつてないほどの激しさで軍部を非難する声が高まり、政府弾劾案が可決されるという事態にまで立ちいたった。だが、この事件を帝政の威信の問題とみていたカイザーはどこまでも軍部に加担し、帝国宰相の辞任もみとめず、議会の政府不信任を無視した。ともあれ、ツァーベルン事件を通して、第二帝政の支配に対する議会勢力の批判の高まりをみることができる。

❖ホルデーン使節とバルカン情勢

アガディール事件を契機として英独関係はいちじるしく緊張したが、両国の険悪な空気を緩和しようとする試みが両国の財界の巨頭のあいだで進められていた。ハンブルク-アメリカ汽船会社社長アルベルト=バリン（一八五七〜一九一八）は、カイザーやベートマン=ホルヴェークやティルピッツと親交があり、社会的政治的に大きな影響力をもっていた人物である。また、イギリスの銀行家アーネスト=カッセルはドイツ生まれで幼時イギリスに移住したという経歴の親独的な人物で、閣僚ではないにせよ、イギリスの官辺筋と密接であった。この二人の財界の大物の長期にわたる働きによって、両国のあいだに協調的なムードがふたたびかもし出されてきた。

第二次モロッコ事件の高潮期にマンション-ハウスの演説によって強硬に反独的態度をみせた蔵相ロイド-ジョージはアガディールの危機が遠ざかったことから、ドイツとの和解に賛意を示した。海相ウィンストン=チャーチルや外相グレイもこの意見に同意したので、まずカッセルがベルリンを訪ねて予備折衝を進めたあと、一二年二月八日には、イギリスはドイツ通で知られた陸相ホルデーンを正式にドイツに派遣し、カイザーやティルピッツと会見するということが実現した。

だが、イギリス側はまず海軍協定を結んで建艦競争を停止することを目標にしていたのに対して、ドイツ側は海軍問題・政治協定・植民地に関する和解といういわば三位一体の一般的協定をまず締結し、海軍協定はそのあとで結ぶことを考えており、ここに両国の主張に食い違いがあった。ホルデーンは海軍問題を討議のスタートとしてのぞんだが、ドイツはその当時、さらに海軍の拡張を計画しており、イギリスが大きな政治的代償を払わないかぎりは、この新計画を実行する決意をどこまでも変えなかった。しかも、ドイツ側の求めたことは、ドイツがフランス一国か、あるいはフランスとロシアの二国と戦争する場合、イギリスが戦争の局外に立って中立を維持することであった。だが、これは、三国協商を結んでいるイギリスとしては、到底みとめることのできない相談である。結局、両国の交渉は何らの成果もあげることなく、折角《せっかく》の機会はむだに終わってしまった。

そのあとチャーチルが一三年の一か年間建艦を中止する「海軍休日《ネイヴァル・ホリデー》」を呼びかけたが、当然ドイツは応じなかった。

第一次大戦は極東問題やアフリカ分割の問題からでなく、とくに「ヨーロッパの火薬庫」といわれたバルカンから発生する。日露戦争に敗れたロシアが対外政策の重心をダーダネルス・ボスフォラス両海峡に向け始めるにおよび、国際対立の焦点はバルカンに移った。一九〇八年、オスマン帝国では青年トルコが日露戦争の日本の勝利の刺激もあって、近代化をめざす革命を起こしたが、その混乱に乗じたオーストリア-ハンガリーは、一八七八年のベルリン会議以来オスマン帝国の宗主権のもとにありながら行政管理権のみをゆだねられていたスラヴ民族の居住するボスニア・ヘルツェゴヴィナ二州に対して、その完全併合をオスマン帝国にみとめさせた。おなじとき、ブルガリアもオーストリア-ハンガリーの了解のもとに、オスマン帝国からの完全独立を宣言した。この二つの出来事は日露戦争と一九〇五年の「血の日曜日」に始まる第一革命の痛手からまだ十分に回復していなかったロシアにとって、汎ゲルマン主義の挑戦とうつり、さらに、周辺の独立国セルビアにとっても重大な脅威であった。第一次大戦の口火となったサライェヴォ事件の伏線はここにあるのである。

そこで、ロシアは汎スラヴ主義勢力の結束をめざし、一二年にセルビア・モンテネグロ・ブルガリア・ギリシアの諸国を糾合してバルカン同盟を組織させ、オーストリア-ハンガリーへの障壁にした。これより先のこと、イタリアはオスマン帝国に挑戦し、北アフリカのトリポリを獲得するために、一一年九月より伊土戦争（イタリア・トルコ戦争）を起こしていた。バルカン同盟はオスマン帝国のこの窮境につけこみ、一二年一〇月、宣戦を布告した。これが第一次バルカン戦争であるが、一三年五月、屈服したオスマン帝国とのあいだにロンドン条約が成立し、同国はイスタンブル周辺を除く広範囲のヨーロッパの領土を失った。

ルーデンドルフ

❖バルカン戦争とバグダード鉄道

伊土戦争と第一次バルカン戦争でともにオスマン帝国が敗れたことは、フランスの大軍需会社クルゾーのクルップに対する勝利といわれた。オスマン帝国軍を指導したのはドイツ人将校であり、また、兵器を提供したのはドイツの会社であったからである。しかも、ドイツには、バルカン諸国の借款に応じる資金能力の限界がみえていたのに反して、フランス資本のバルカン進出はドイツよりも優勢であった。

ドイツは資本力の劣勢を軍事力で補おうとした。すでに一二年晩秋のバルカンの危機を背景として、ルーデンドルフ（一八六五～一九三七）の発言力の高まっていた参謀本部は六二万二〇〇〇の陸軍をさらに三〇万増強することを要求していた。陸軍省は上級将校の貴族的性格の低下を憂慮し、ルーデンドルフの主張する五〇パーセントの人員増強には消極的であったため、帝国宰相ベートマン＝ホルヴェークは一三年春、帝国議会に一三万二〇〇〇の増兵案を提出し、数か月の審議の末、これはようやく可決された。したがって、一四年初頭には、ドイツ陸軍は七五万に達するはずであった。

このころ、旧オスマン帝国領の配分をめぐってセルビアとブルガリアのあいだで対立が深刻になっており、一三年六月二九日、第二次バルカン戦争が勃発した。この戦争ではギリシアとモンテネグロがセルビアに味方し、新たにルーマニアもセルビアの側に加わったためにブルガリアが屈服し、同年七月三〇日、ギリシアとセルビアは、ルーマニアの首都ブカレストで成立した講和条約により、領土拡張の希望を容れられた。それに反して、敗戦国ブルガリアはマケドニアや南ドブルジャを失い、それ以後ますますドイツやオーストリア=ハンガリーの側へ傾いていった。

一三年秋、ドイツは、二つのバルカン戦争や伊土戦争で疲弊した財政難のオスマン帝国がイギリスやフランスに接近するのを阻止するために、最後の試みを行った。それは、オスマン帝国軍部、そのなかでもとくにドイツで教育を受けたエンヴェル=パシャを通して進められた。すでにドイツは、フォン=デア=ゴルツを一八八六～八九年と一九〇九～一三年の二度派遣し、オスマン帝国陸軍の再編を指導してきたが、一三～一四年には、リーマン=フォン=ザンダースを新たに同国陸軍の教育総監ならびにイスタンブル駐屯軍団司令官に任命し、オスマン帝国を軍事的に支えるための強力な措置をとった。だが、これは、同国がドイツと軍事同盟にはいる可能性の増大を意味するもので、イギリスやロシアは大きな脅威を感じた。

バグダード鉄道の建設もイギリスやロシアと深刻な対立関係におちいる要因となっており、イギリスのドイツに対する抗議は執拗であった。その結果として、一四年六月下旬、ドイツは妥協を決意し、すでにコニアからバグダードにいたる路線はほぼ完成していたから、バスラからペルシア湾にいたる敷設権のみを放棄した。

このようにして、一四年夏には、バグダード鉄道計画のイギリスとドイツのあいだの妥協について、一応の協定に達したが、万事ときすでにおそく、その直後にサライェヴォ事件が発生するのである。

Ⅳ

第一次大戦と帝政ドイツの崩壊

大戦の勃発

❖サライェヴォ事件と「白紙委任状」

一九一四年六月二八日、ボスニアの都サライェヴォでオーストリア=ハンガリーの帝位継承者フェルディナントが妃ゾフィーとともに暗殺された。オーストリア=ハンガリー政府はこの事件を、狙撃の犯人の一青年（ガブリロ=プリンティプという）の単独犯行でなく、セルビア政府を背後にもつ陰謀の所産と断定した。もちろん、セルビア政府が直接教唆した証拠はなかったが、オーストリア=ハンガリーはこの際、徹底的にセルビアの責任を追求し、大国としての威信を示そうと決意した。オーストリア=ハンガリーの強硬派の中心は参謀総長コンラート=フォン=ヘッツェンドルフであったが、オーストリア=ハンガリーが毅然《きぜん》とした態度をとる場合に、同盟国ドイツの支援の約束をとりつけておくことが、何よりもまず必要であった。

オーストリア=ハンガリー帝国（ハプスブルク帝国ともいう）は普墺戦争後の一八六七年以来、

フランツ=ヨゼフ一世（在位一八四八〜一九一六）をオーストリアとハンガリーの共通の皇帝とみとめ、軍事と外交だけを共同で行うこと以外はそれぞれ独立国家のようになっていた。そのため外交の責任者ベルヒトールト外相の判断は特別に重要性をもっていた。彼は七月四日、外相官房長ホヨスを使節に任命し、フランツ=ヨゼフ帝の親書と外務省の覚書を携行させ、ベルリンに急派した。

ところで、全面的な第一次大戦が始まってまもない、一四年七月五日にカイザーがポツダム宮殿へドイツ・オーストリア=ハンガリー両国の政治家、外交官、軍人をはじめ各界の代表を集め、セルビアに対する最後通牒を決定したという噂が広まった。ドイツの戦争責任を規定したヴェルサイユ条約や賠償問題は、このポツダム御前会議開催の風評をもとにして成立したものである。しかし、このような御前会議が実際には開かれていなかったことは、今日すでに明らかとなっている。

ポツダム御前会議はこのように事実無根であるが、しかし、七月五日には、それにかわる重大な出来事があった。駐独オーストリア大使セージェーニュが前述のホヨス特使の持参した二つの文書をカイザーに提出し、その回答を得るためにカイザーと会談した。カイザーは、最も親しい皇族の暗殺という傷ましい事件によって激昂していたから、即座にセルビアに対して断固たる処置をとるべきだと語り、その際オーストリア=ハンガリーはドイツの完全な支持を期

サライェヴォ事件　逮捕される狙撃犯人

待してよい、と激励するとともに、もしオーストリア‐ハンガリーがセルビアとの戦争を必要と決意しているのならば、この極めて有利な現在を利用しないのは遺憾である、とまで述べた。

思えば、カイザーのこの発言がドイツ帝国の命運を決したともいえる。というのは、ドイツはビスマルク時代に問題の多いオーストリア‐ハンガリーを同盟の相手として選択したとき以来、すでに孤立への方向に踏み出していたのであったが、サライェヴォ事件に直面したカイザーが改めて、どこまでもオーストリア‐ハンガリー帝国と運命をともにするという路線を堅持する態度を固めたことを確認できるからである。

おなじ日あとでカイザーに謁見したベートマン＝ホルヴェーク帝国宰相は、この皇帝の見解は私自身の見解と一致した、と述べているので、カイザーのこのときのオーストリア-ハンガリーの特使に対する発言はドイツ帝国の公式の意志と受けとってよい。このように、ドイツがオーストリア-ハンガリーのセルビアに対する強硬政策に事実上の「白紙委任状」をあたえたことによって、オーストリア-ハンガリーとしては、ドイツの全面的支持を得ることができると確信したことは想像にかたくない。ドイツとしては、この際ロシアが干渉するより前にオーストリア-ハンガリーが迅速に行動すると、世界の世論はオーストリア-ハンガリーに有利であるから、問題を局地的に解決することができ、ヨーロッパの全面戦争に発展することはまずないであろうと考えていたようである。だが、このように、オーストリア-ハンガリーに行動の自由を許したことは、やがてベートマン=ホルヴェーク帝国宰相の決定的な失策であったことが明らかとなってくるのであるが、カイザーはその翌日の六日朝、予定の通り、北海旅行のためにキールに向かった。

❖オーストリア-ハンガリーの宣戦布告

ベートマン=ホルヴェークはおなじ七月六日のうちに、外務次官のツィンマーマン同席のもとに、ホヨスとセージェーニュとに対して、カイザーが前日あたえた支持の約束を明瞭に確認した。これにより「白紙委任状」は憲法上の裏書きを完了したといってよい。オーストリアはサライェヴォ事件後一週間のあいだ鳴りをひそめていたが、ドイツの後援を確信して七日に開かれたオーストリア=ハンガリー連合閣議では、ロシアとの戦争を賭しても、この際セルビアを徹底的に粉砕するという強い決意を表明したベルヒトールト外相の主戦論が支配し、すべてはハプスブルク家の安泰のためにという理由から、ハンガリー首相ティサの慎重論は退けられた。開戦責任の第一人者としてベルヒトールトがのちにあげられるのは、この強硬論のためである。七日以降、駐墺ドイツ大使チルシュキーはほとんど連日オーストリア外務省に出かけ、セルビアに対する実力行使の決断を迅速に固めるように促したという。ついに、一九日の秘密閣議は武力解決を前提とする最後通牒をセルビアに手交することを決定した。

二二日、ベルヒトールト外相はセルビアに四八時間の期限をつけた一〇か条から成る最後通牒を発送した。この内容は、イギリス外相グレイが、独立国に対してかつて見たこともない厳しいものと批評したように、セルビアがとうてい無条件で受諾できるようなものでなく、そこにはオーストリア=ハンガリーの戦意がみなぎっていた。

二五日、セルビア首相パシッチは犯人の審理にオーストリア=ハンガリーの代表が参加するという条項だけを除き、その他の要求を全面的に受諾すると回答したが、オーストリア=ハンガリーは無条件受諾以外は受けいれないという峻烈な態度を崩さず、ここに交渉は決裂した。七月二八日、オーストリア=ハンガリー帝国はセルビア王国に対して宣戦を布告した。

七月二四日朝、イギリス外相グレイもセルビアに対するオーストリア=ハンガリーの最後通諜の通報を受け取った。グレイは時局の極めて重大なことをさとり、即日、イギリス・フランス・ドイツ・イタリアの四か国の力によってオーストリア-ハンガリーとロシアの反目を調停するように提議したが、ロシアが反対し、フランスは回答しなかった。そこで二六日、グレイ外相は事態の収拾をめざし、さらにイギリス・フランス・ドイツ・イタリアの四か国大使会議の開催を提議したが、ドイツは三対一になることをおそれてこれを拒否した。この拒否は「七月危機」に際してベートマン-ホルヴェークの犯した第二の重大失策とみなされている。

❖ドイツの参戦と列国

一方、ドイツも予想外の事態の急転におどろき、オーストリア-ハンガリーに向かって行動の自重を勧告したが、すべては遅すぎた。ロシアでは皇帝ニコライ二世がサゾーノフ外相や軍部に説得され、セルビアを援け参戦する決意を固め、三〇日に総動員令を下した。動員が開戦を意味することはその当時の軍事的常識であるから、この動員令は戦争責任問題で重要な論点になり、ドイツ側はこれを開戦決定の最も重大な要因として重視している。もっとも、動員令はロシアが早かったが、宣戦布告はドイツのほうが早く、ドイツは八月一日午後七時にロシアに通告した。

ロシアとドイツの開戦は連鎖反応としてドイツとフランスの開戦をひき起こした。フランス大統領ポワンカレとロシアの駐仏大使イズヴォルスキーはともに対独強硬論者として知られていた。彼らが政治外交を指導しているかぎり、戦争回避の可能性はほとんどなかったといってよい。ドイツは七月三一日にロシアに最後通牒を送った際、フランスには中立を要求した。

八月二日、ドイツ軍は国境を越えフランス領内に侵入を開始した。八月三日、ドイツの社会民主党多数派はすでにドイツ領内に侵入してきたロシア軍の脅威を力説しつつ、社会主義者も祖国を捨てることはできないと主張して七八対一四の票数で軍事公債発行に賛成し、政府に協力する態度を明らかにした。おなじ日、ドイツはフランスに宣戦を布告した。開戦の決定に当たって、フランスの「聖なる団結《ユニオン-サクレ》」やドイツの「城内平和《ブルク-フリーデ》」が端的に物語っているように、各国の社会主義政党の主流は反戦の態度を崩し、第二インターナショナルの運動がいかに脆弱《ぜいじゃく》であるかを示した。

ついで、イギリスはベルギーの中立を蹂躙《じゅうりん》したドイツの国際法侵犯行為を開戦の口実として、八月四日にドイツに宣戦を布告した。五日、イギリス労働党も政府に協力することを決定した。このようにして、主要な強国はオーストリア-ハンガリーのセルビアに対する開戦のあと一週間以内にほとんどすべて戦争にまき込まれていったのである。

❖シュリーフェン計画

第一次大戦初期のドイツ軍の作戦を指導した最高の責任者は一九〇六年以来参謀総長に就任していたモルトケである。彼はドイツ統一の際の名参謀総長大モルトケの甥に当たり、小モルトケと呼ばれる。一九〇五年八月、ときの参謀総長シュリーフェンがたまたま馬に蹴られて怪我をし、激職に耐えられなくなったことから、参謀総長が代わった。実際のところ、前任者

シュリーフェン

シュリーフェンの小モルトケに対する評価は低く、誰よりも小モルトケ自らが参謀総長の器でないことを自覚していたといわれる。カイザーがこの小モルトケをあえて参謀総長に任命したのは、ただ大モルトケのイメージに絶大な魅力をいだいていたということだけからの人事であった。第一次大戦の勃発に直面した際、小モルトケにあたえられた課題はシュリーフェン計画を執行することであったが、この作戦計画はいかなるものであったか。

ヴァルダーゼーの後任として一八九一年から一九〇六年までのあいだ参謀総長の重責を果たしたシュリーフェンは、

いてい来たるべき戦争に備え、作戦計画を練っていた。ドイツは東西をロシアとフランスに挟まれていて、二正面戦争を強いられる運命のもとにあり、しかも、長期戦の経済的負担には耐えられないので、ドイツ軍は短期即決を目標にする必要があると、シュリーフェンは考えた。彼はこの現実認識のもとに、全力を集中して六週間以内にフランス軍を撃滅し、そのあとで東部戦線へ反転してロシア軍と戦うという方針を骨子とする作戦計画を立案した。これが、シュリーフェン計画であるが、彼の根本戦略は完全各個撃破であった。この思想は、ハンニバルのカンナエの戦いやフリードリヒ大王の七年戦争の戦史から多くの示唆を得ている。前者は、カルタゴの五万の兵力が八万数千のローマ軍を完全に包囲殲滅《せんめつ》した戦いで、劣勢の兵力が優勢の兵力に勝利した戦史であり、後者は、多面戦争を戦い、最終的には勝利に導いた戦史である。

ところで、シュリーフェン計画の具体的な実施方法はドイツ軍の主力を中立国ベルギーを通過させてアミアンに侵入させ、そこからパリの背後に進出したあと、さらにスイスの国境まで展開し、六週間以内にフランス軍を包囲殲滅するという極めて大規模な作戦計画である。しかも、シュリーフェンはその間に、たとえロシア軍がドイツに侵入することがあっても、またイギリスが大陸に上陸してきても、その対策はあとに廻し、フランス軍との戦いに全力を傾注するという考えを前提にしており、いわば肉を切らせて骨を断つといった大胆な作戦構想であった。シュリーフェンはフランスに対する攻勢に八分の七の兵力を投入し、ロシア軍を東部戦線に釘づけにしておくには、ドイツ軍は八分の一の兵力で足りる、と計算していた。一九一三年一月、シュリーフェンは八〇歳で世を去ったが、その死の床で、「絶対に右翼（ベルギーへの突入予定軍）を強大にせよ」と語った遺言は、今日よく知られている。

だが、モルトケが実際に展開した作戦は改悪されたシュリーフェン計画であった。モルトケはシュリーフェン計画に危惧の念をいだいていて、ドイツからみて左翼に当たるロートリンゲン方面に兵力を増強した。そこで、右翼と左翼の兵力はシュリーフェン計画では七対一であったのに対して、三対一の比率になった。したがって、モルトケの指揮した作戦は、「ただただ右翼を強めよ」と述べたシュリーフェンの遺言には忠実でなかった。

ドイツ軍は開戦とともにベルギーの中立を侵して北フランスに殺到しようとしたが、ベルギー軍の抵抗は頑強で、ドイツ軍は予定の通りには進撃できず、そのためイギリス・フランス軍の戦備が強化された。その上、東部戦線でもロシア軍は、大攻勢を開始するまで動員後六週間かかると予測していたドイツ軍部の判断よりも早く、ドイツへの侵入を開始し、配備の手薄なドイツ軍を破って首都ベルリンに脅威をおよぼしはじめた。

❖タンネンベルクとマルヌ

この形勢に動揺したモルトケは八月二二日、退役軍人ヒンデンブルク（一八四七〜一九三四）をにわかに起用して第八軍司令官に任命するとともに、西部戦線からルーデンドルフを転用してその参謀長に配し、ロシア軍との決戦に備えた。だが、そのためにモルトケはさらに右翼から二軍団を引き抜き、東部戦線に廻したが、この措置は右翼の弱体化を決定づけ、シュリーフェン計画が瓦解《がかい》していく禍根となった。

侵攻中のロシア軍は日露戦争以来犬猿の間柄であったサムソノフとレンネンカンプ両将軍の統率のもとにおかれていたが、両者の間柄を熟知していた参謀マックス＝ホフマン中佐の綿密な作戦指導が功を奏し、ドイツ軍は八月二三日から九日間にわたって戦われたタンネンベルクの会戦で、ニェーメン川方面から進撃してきたレンネンカンプ軍とナレフ川方面から進撃してきたサムソノフ軍の合計約四〇万のロシア軍を、一五万という劣勢の兵力で包囲殲滅することに成功し、ロシア軍は戦死者四万、捕虜一二万を出して退却した。もっとも、この勝利はホフマンの軍功としてでなく、ヒンデンブルクとルーデンドルフの軍功として、ドイツ国民に喧伝《けんでん》された。一九一七年以後のルーデンドルフの独裁やヴァイマル共和国大統領ヒンデンブルクの出現がこのタンネンベルクの英雄というイメージにもとづくものであったことはいうまでもない。

けれども、東部戦線のタンネンベルクの勝利も戦局の全体をドイツ軍に好転させることにはならず、九月五日から約一週間にわたって戦われた西部戦線でのマルヌの戦いで、ドイツ軍はジョッフルの指揮するフランス軍の中央突破を受け敗退した。フランスはこの勝利をマルヌの奇蹟と呼んだが、このときのドイツ軍の退却は戦況の観望を誤った情報部長ヘンチュ中佐の責任である。彼はモルトケの代理として前線に派遣されていたが、最右翼の第一軍と第二軍とのあいだに生まれた五〇キロの間隙《かんげき》にイギリス軍の迷い込んでいたことを敵軍の突入と誤認し、ドイツ軍にエーヌ川まで一時退却を指令したというのが真相である。しかし、マルヌの敗戦は、大局的にみるならば、ドイツ軍の右翼兵力の不足に起因するものであり、それは、結局、シュリーフェン計画を修正したモルトケに全責任があったというべきである。

❖最初の総力戦

東部戦線では、タンネンベルク会戦のあともドイツ軍は優勢で、一五年八月にはワルシャワを占領し、ドイツはロシア領ポーランドを獲得したこともあるが、しかし、マルヌの敗戦によるシュリーフェン計画の瓦解は決定的で、それ以後ドイツは最も恐れていた長期持久戦に追い込まれた。一四年九月一四日、モルトケは極度の心労の結果、参謀総長の職を解かれ、当時五三歳のファルケンハインが後任として、その要職に就いた。陸軍大臣の兼務はファルケンハインが最初である。

いったい、シュリーフェン計画は六週間で勝利する作戦であったことから知られるように、

ラーテナウ

ドイツ参謀本部は短期決戦の思想にもとづく戦争指導を想定していたのであり、フランス参謀本部もその点では同様であった。ところが、実際の戦争はその予想をはるかに越える消耗を強いられる戦争になり、両国とも一四年一〇月には、早くも長年かかって備蓄されてきた軍需物資を消費しつくす状態になった。そこで、それ以後の戦争の勝敗は戦場での軍人によるたくみな作戦指導によるよりも、むしろ、政治家のリーダーシップのもとに準備される補給力の強弱によって決せられることになり、したがって、戦争の長期化は生産力の競争をひきおこした。ドイツでは、重工業界の第一人者であったアルゲマイネ電気会社（ＡＥＧ）社長ヴァルター＝ラーテナウ（一八六七～一九二二）が陸軍省に新設された戦時原料局の長官に就任し、原料の確保と軍需物資の徴発をはじめとする総力戦《トータル・ウォー》体制の確立に尽力したのは、そのためであった。

高度な段階にはいった資本主義時代の戦争は第一線での軍事的戦闘力のみでなく、銃後の国民による軍需生産力の総動員によって結集される総合戦力の戦争である。第一次大戦はその意味での最初の総力戦になったのであり、ドイツはマルヌの敗戦以後それに戦い抜かなければ、最後の勝利を獲得することができなくなったといってよい。

大戦下のドイツ外交

❖同盟諸国の動静

戦争が長期化すると、連合国はロシアとどのようにして連絡を保つべきかが深刻な問題となってきたが、そのため黒海の入口に位置を占めるオスマン帝国の向背が重要な意味をもつようになった。オスマン帝国は大戦前からドイツの強い影響のもとにおかれ、一九一四年八月二日にドイツ・オスマン帝国同盟が結ばれていた。イギリスは、オスマン帝国がドイツ側に立って参戦すると、インド兵をヨーロッパ戦線へ送る場合に、スエズ運河の通過に脅威を受けるので、オスマン帝国に中立の維持を強く望み、その工作を進めていた。だが、オスマン帝国の議会は親独派の青年トルコが優勢で、一一月にオスマン帝国が正式にドイツ側に立って参戦すると、連合国はイギリス海相チャーチルの発議により、大胆にもダーダネルス海峡を突破してイスタンブルを占領し、直接ロシア軍と連絡をつけようと計画した。一五年二月、イギリス・フランスの連合艦隊は海峡の突破作戦を強行したが、両岸のオスマン帝国の要塞から激しい砲撃を受け、多数の艦艇を失って退却した。陸軍もガリポリ作戦を実施したが、リーマン＝フォン＝ザンダースの率いるドイツ・オスマン帝国軍の巧妙な反撃を受け、イギリス・フランス軍は敗退した。

交戦中の列強は勝利のためにあらゆる手段を用いた。連合国は、三国同盟の一員であったイタリアを、連合国の側に誘引して参戦させようと交渉しており、その代償としてイタリアにオスマン帝国の領土を分配することを保障する密約の締結を急いでいた。もちろん、ドイツもマルヌの会戦以来の戦況の不振のため、イタリアの向背を重視していたので、一四年一二月に、帝国宰相を辞任し不遇をかこっていたビューローを、ついで一五年にはいって中央党のエルツベルガーを、ともにローマに派遣してイタリア政界の巨頭ジョリッティとの接触を深めて、ドイツからの離反を防ごうとした。だが、オーストリアと利害対立の深刻なイタリアを三国同盟の側につなぎとめておくことは至難のわざであった。すでにイタリアが仏伊協商を結んでいたことが示すように、イタリアはドイツに忠実な盟邦では決してなかった。

一五年四月二六日、サランドラ内閣のイタリアはオスマン帝国領の分割に関する発言権をイギリス・フランス・ロシアの三国にみとめさせたロンドン協定を締結した。イタリアはこの協定により、さらにブレンナー峠にいたるまでのトレンティーノをふくむトリエステ、イストリアのほか、北部ダルマツィアなどのいわゆるイタリア-イレデンタ（未回収のイタリア）の領有も保障された。しかし、その後もなお自由主義右派の参戦派首相サランドラと中立派の前首相ジョリッティとの対立が激しく続き、五月三日の三国同盟廃棄の宣言のあと、イタリアがオーストリア-ハンガリーに向かって宣戦を布告したのは五月二三日になってからであった。サランドラ首相は失地回復と領土拡大の機会として利用するこの参戦を「神聖な利己主義《サクロ・エゴイスモ》」と声明した。

もっとも、イタリア軍は軍事的には振るわなかったが、ともかくオーストリア軍を牽制することにより、東方のロシア軍に対して間接的に援助することができた。イタリアがドイツと開戦したのは、ボセッリ内閣時代の一六年八月二八日のことであるが、一七年一〇月二三日のカポレットの大敗によって打撃を受け、やがてボリシェヴィキ革命の実相が伝えられてくると、イタリア国民のあいだに厭戦思想が高まってくるのである。

ドイツ側に立って参戦する国は少なかった。イギリス・フランス・ロシアの連合国はブルガリアを誘引して連合国の側に立って参戦させようと工作したが、この画策は失敗した。ブルガリアはイギリス・フランス軍のガリポリ作戦の挫折と東部戦線でのドイツ・オーストリア軍の優勢をみて、ドイツ・オーストリア同盟国の側に傾斜した。やがてブルガリアはバルカン戦争の際の失地の回復とセルビア領マケドニアの獲得をドイツ・オーストリア側から保障されると、一五年一〇月二日、ドイツのマッケンゼン将軍のセルビア攻略に呼応して参戦した。同盟国軍は一一月中にセルビアの全土を席巻《せっけん》し、バルカンでの優位を築いた。

一六年六月、ロシア軍がオーストリア＝ハンガリー軍に打撃を加えた。この情勢をみたルーマニアは八月八日、ブカレストでイギリス・フランス・ロシア・イタリアの四国とのあいだに秘密条約を結び、トランシルヴァニア・ブコヴィナなどの領有の保障を得たので、同月二七日、オーストリア＝ハンガリーに宣戦を布告したが、あとでドイツ・オーストリア軍に反撃され、同年一二月六日、首都ブカレストを占領された。

❖革命運動の煽動

ドイツは革命運動や独立運動の促進を戦略的方策の一つにしており、ロシア・イギリス・フランスの支配体制の地盤の動揺をねらっていた。

一九一七年のロシア革命の際、ドイツ参謀本部の計画した「レーニンの封印列車」はよく知られているが、それ以前にも、ドイツはロシア領内にいたフィン人・エストニア人・ラトヴィア人・リトアニア人・ポーランド人・ユダヤ人・ウクライナ人・グルジア人などに働きかけ、ロシアからの分離運動の煽動を工作しており、とくにドイツ系ロシア人の革命家アレクサンダー＝ヘルファント（仮名パルブスで知られている）に資金を提供し、ロシアの「二月革命」の勃発を画策させたという事実が、最近注目されている。ドイツは勝利のための手段として、敵国内での国民革命や社会革命の発生を工作し、そのためにロシアだけでなく、ペルシア・インド・エジプト・北アフリカなどのイスラーム世界に対しても策動をくわだて、イギリスやフランスの植民地支配に打撃をあたえようとした。

このドイツの試みはすでに大戦前の二〇年間におよぶカイザーの世界政策のなかで展開されてきた。とくに、イスラーム教徒のイギリス・フランス・ロシアに対する反逆の可能性については、外交官や学者としてオリエントで活動したことのあるマックス=フォン=オッペンハイムの学説があり、この学説に共鳴していたカイザーはオリエントで全面的反英蜂起の起こることを期待していた。第一次大戦下のイギリス・フランス・ロシアに対して計画された破壊活動の指導は、外務省ならびに参謀本部が前線に移動したあとベルリンに残されていた代理部政治課の仕事であった。

ベートマン=ホルヴェークや外相ヤーゴについで、この任務に積極的であったのは、カイザーの信頼の厚かった外務次官ツィンマーマンであった。軍部側の協力者であった参謀本部残留代理部政治課長ルドルフ=ナドルニーも本来外務省の出身者で、開戦以来ファルケンハインに招かれ、この地位に就いていたのである。政府に協力した人物としては、前にふれたオッペンハイムのほか、ベルリン大学のトルコ史教授エルンスト=イェックやオリエント通のトルコ大使ヴァンゲンハイムなどがあげられる。

ドイツはさらにロシアと単独講和の交渉を進めるとともに、日本への接近をくわだてた。

❖日本との秘密折衝

日本は早くも一九一四年八月二三日にドイツに宣戦を布告し、直ちに中国にあったドイツの租借地や、赤道以北の太平洋上のドイツ領南洋諸島を占領し、軍事的には連合国の一員として行動したが、外交的には複雑な態度をとり、敵国のドイツともひそかに秘密裡に接触を保った。第一回目の日本とドイツの接触は、「二一か条の要求」の対華交渉が進められていた一五年一月から八月ごろのあいだにみられ、第二回目のそれは第四次日露協約の成立に先立つ一六年三〜五月の時期であり、第三回目はその交渉の頓挫したあとからアメリカ合衆国参戦の直前に当たる一七年三月ごろまでであった。

日独接触のチャネルはスウェーデンの首都ストックホルムが舞台であった。スウェーデン駐劄ドイツ公使ルチウスが一五年一月から三月にかけ、しばしばスウェーデン駐劄日本公使内田定槌《さだつち》と会談している。その際内田公使は、日本は日英同盟の誼によって膠州湾を占領したが、しかし、日本の対華政策に対する真の妨害者はイギリス・ロシアの二国であり、日本陸軍などの親独勢力はドイツの勝利を信じているので、ドイツの懸念する日本軍のヨーロッパ派兵は決して行わない、と述べている。ドイツは日本のロシアへの兵器や資材の輸出の増大を憂慮していたから、日本と単独講和できれば、その援助の打ち切りが期待できると考えていた。

ところが、日本はこのドイツの提案を逆用して連合国側に通報し、ドイツが接近しようとしている日本の立場の有利さを印象づけようと画策した。それに対して、ドイツも日本だけでなく、ひそかにロシアへの接近も工作し、単独講和の際のロシア側の条件を打診していた。ドイツはニコライ二世に対して、単独講和が実現すると、ロシアが日本を撃退し満蒙に前進しやすくなるという利点の得られることを強調し、日本に向かってはロシアに対するフリーハンド(行動の自由という意味)を示唆しておきながら、ひそかにロシアに向かって、日本に対するフリーハンドを保障するといった二股外交を展開していた。日本・ドイツ両国ともこのような二股外交を進めたことは、結局、工作を失敗に導く原因になった。

ついで、一六年三月下旬から始まった内田公使とルチウス公使との会談のなかで、ドイツはロシアへの接近交渉に対する日本の仲介に期待をかけつつ、日本との接触の再開に熱意をみせた。だが、日本側では、一五年一〇月以来外相に就任していた石井菊次郎が、ドイツのこの提議を、連合国に対する日本の発言権を強化するための手段としてふたたび利用するように大隈《おおくま》重信《しげのぶ》首相とはかり、このドイツの対日接近の情報をイギリス・フランス・ロシアの三国に通報した。ドイツは日本のこの措置を知り、この時期の日本との接触をひとまず打ち切った。

けれども、そのあと第三回目の折衝の機運がまた生まれた。内田公使はスウェーデン駐劄オーストリア=ハンガリー公使ハディックと接触し、日本はオーストリア=ハンガリーとの単独講和を考慮していると告げた。オーストリア=ハンガリーはこの情報をドイツに伝えたが、しかし、オーストリア=ハンガリー外相チェルニンはハディック公使に対して、日本の発言はドイツとオーストリア=ハンガリーとの関係の強さを試すための手段に過ぎないから、これ以上深入りしないように警戒を必要とすると訓令した。

この判断は的確であった。一六年一〇月に成立した寺内正毅《まさたけ》内閣は、中国問題についての日本の脅威はイギリスよりもむしろドイツであり、したがって、日本の対外政策としては、イギリス・フランス・ロシアの三国とどこまでも協力し、ドイツに対して、できるかぎりの打撃をあたえるべき政策を進めることを確認していたからである。それにもかかわらず、ドイツはいぜんとしてこの対日接触のルートに希望をつなぎ、一七年二月一七日、ツィンマーマン外相はルチウス公使に向かって、ドイツとの講和交渉の開始を日本から正式に提議することが望ましいとの意向を日本に伝えるように訓令している。このような策謀がすべて徒労に終わることはいうまでもない。

❖潜水艦戦とアメリカ

長期戦になると、制海権のもつ意義は決定的に重要になった。ドイツは開戦前に着々と建艦計画を進めてきたにもかかわらず、海軍力はイギリスにくらべて、もちろん劣勢で、一九一四年にはドレッドノート型戦艦の保有量はイギリスが三四隻、ドイツが一九隻という状況であった。

一六年二月、参謀総長ファルケンハインはイギリスの海上からの封鎖の重圧を打開するためには、大規模な出撃しかないと判断し、西部戦線ではフランス軍のたてこもるヴェルダン要塞を攻撃の目標に決定し、これまでにない大攻勢を開始した。この作戦は数十万の人命を犠牲にして一二月まで攻撃がくりかえされた激戦である。その間に、六月末以来東部戦線ではガリチア方面でのロシア軍の進撃がいちじるしく、またこれと策応してイギリス・フランスの両軍が六月から一一月までソンム川方面で攻勢を強化したので、ドイツ軍はこれらに牽制され、結局、フランスの守将ペタンの善戦によってヴェルダン戦で勝利を得ることができず、いたずらに莫大な消耗によって国内危機を深めたのみに終わった。

一方、ドイツの大海艦隊は、シェア提督直率のもとに一六年五月三一日、ジャットラント（スカーゲラク）海戦でジェリコー長官のイギリス艦隊と戦ったが、決定的な勝負は決まらず、

停泊中のUボート

それ以後、大西洋はイギリス海軍に制せられたまま、艦隊決戦を積極的に行う機会をつかむことができなかった。このような状況のもとで、ドイツが期待をかけた戦術は潜水艦戦であったが、その実施はアメリカ合衆国との関係の悪化をひきおこすのである。

すでに一五年二月四日に、ドイツは「戦争領域に関する宣言」を発表していた。これが潜水艦戦開始の宣言であったが、ドイツは通商破壊戦に潜水艦の使用を考慮していたから、この宣言とともに、中立国の船舶であっても、イギリスやアイルランドをとりまく宣言下の水域では、安全な航行を保障されないことになり、そこからアメリカにも直接、脅威がおよぶことになった。そこで、大統領ウィルソン（在任一九一三〜二一）はいち早く二月一〇日に最初の抗議の覚書をドイツに送ったが、そのあと五月七日にルシタニア号撃沈の惨事が突発し、独米関係がにわかに険悪になった。ウィルソンは、中立権の侵害に対して極めて強硬な態度をとり孤立政策に徹することを唱えていた国務長官ブライアンを辞任させるとともに、ドイツに向かって難詰的な通牒をつぎつぎとつきつけた。

そこで、ベートマン＝ホルヴェーク帝国宰相は、潜水艦戦に反対していたので、海相ティルピッツを先頭とする潜水艦戦論者とアメリカの抗議に挟撃され、困難な立場に追い込まれたが、ベートマンはともかくアメリカ政府の要求を可能なかぎり尊重することに努め、外交関係の断絶を避けることはできた。ところが、ベートマンはふたたび海軍の強圧を受け、一六年二月八日に潜水艦戦の激烈な実施を容認せざるをえなくなった。さらに無制限潜水艦作戦の即時開始を迫ってきたティルピッツに対して、対米関係の悪化を憂慮するベートマンはカイザーを動かして三月二日に海相を辞任させることに成功した。だが、その直後の三月二四日にサセックス号撃沈事件が発生し、独米関係はふたたび緊迫した。ウィルソンは四月一八日、ドイツに向かって通牒を発し、これ以上潜水艦戦を強行するならば、断交以外に道はないと通告した。そこで、ベートマンはアメリカの要求を容れることに決め、五月四日に、今後は潜水艦戦を巡洋艦戦の形式に制限し、人命の救助を約束すると回答した。

❖「ビスマルク帝国」の終焉

ベートマン＝ホルヴェーク帝国宰相がティルピッツ海相を辞職させるほどの権限を保持し、

対米協調政策をとって独米関係の破局を防いだのは以上にみた通りである。一六年八月二六日、カイザーがヴェルダン要塞戦の失敗とルーマニアの対独宣戦という戦局にみなぎる暗雲の打開をめざし、ファルケンハインを罷免して最高統帥部を再編成したため、潜水艦戦問題も新段階にはいった。新参謀総長をヒンデンブルクとし、第一兵站《へいたん》総監をルーデンドルフとして陣容を一新した第三次最高統帥部の成立は、単なる軍事指導機構変化の問題であるだけではなくて、さらに「ビスマルク帝国」の終息《しゅうそく》をも意味するドイツ内政史上の一大転換を招来した。というのは、ここに新しく整えられた最高統帥部の権限、とくに兵站総監の発揮する権能にはいちじるしい独裁的特徴がみられ、やがてドイツ帝国の全機能を掌握するほど強大な権力が行使されるようになるからである。兵站総監は、モルトケやファルケンハイン時代の第一次および第二次統帥部では単なる補助者であり、助言者に過ぎなかったのに対して、新兵站総監は最高統帥部のいっさいの決定に関する共同責任を負担することになった。そこで、すくなくとも一六年八月までカイザーが行使していた統帥権は、それ以後実質的にはルーデンドルフにゆだねられることになった。第一次大戦末期にいたるまでのルーデンドルフの軍事独裁時代はこのようにして始まった。

ティルピッツの失脚後、海軍では潜水艦戦について帝国宰相とおなじ穏健な意見をもつカペレ提督が後任の海相に任命され、一六年五月四日に、ドイツはすでにみたように、潜水艦戦を巡洋艦戦に制限すると宣言するとともに、海戦に関する国際法をイギリスにも遵守させるように勧告することをアメリカに依頼していたが、イギリスはドイツの期待に全然応えなかった。潜水艦戦再開の問題はこの不満を背景にして海軍側から台頭してきた。ことにソンムの戦いで莫大な物資を消耗したことから、敵国の物資輸入を妨害するために潜水艦戦を再開することが最も適切であると、カペレ海相は判断した。

第三次最高統帥部の時代にはいって潜水艦戦の問題が帝国議会に上程されたのは、一六年一〇月上旬のことであった。この問題の審議は帝国宰相の見解を擁護した同年三月の帝国議会以来絶えていたが、九月いっぱい、文書や直接交渉によってルーデンドルフに働きかけた海軍の運動が効果を表し、一〇月の帝国議会の雰囲気は一変していた。ことに一〇月七日、帝国議会の勢力関係に決定的な比重を占めていた中央党が帝国議会最高委員会で、帝国宰相は無制限潜水艦作戦の実施をめぐる決断について、いっさい最高統帥部の決定に準拠するよう要望すると声明したため、帝国宰相は最高統帥部に対して決定的に不利な立場におちいった。この声明は政治に対する軍事の優位を保障する声明となったとみてよい。

ベートマン=ホルヴェークは、首都ブカレストの陥落によるルーマニア戦の勝利という軍事情勢の好機をとらえ、一二月一二日に連合国に向かって講和提議の通牒を発した。この講和提議は帝国議会の多数派の支持を失った帝国宰相にとって、無制限潜水艦作戦の開始を要求する軍部の圧力をかわすために残された最後の手段であった。だが、フランス・ロシア・イタリア・イギリスの諸国はそれぞれ一三日より二〇日にいたる期間に拒絶の回答を寄せ、とくに、峻拒の意志を誇示したイギリス首相ロイド゠ジョージの一二月一九日の演説はルーデンドルフを強く刺激し、帝国宰相に向かって無制限潜水艦作戦の早期開始を激しく迫る契機となった。

アメリカ大統領ウィルソンが和平を呼びかけたのは一二月一八日のことであった。ドイツの和平提議が悲観的な結果であったから、ベートマンは直ちに二六日に受諾の回答を送ったが、ウィルソンの和平提議はベートマンに対するドイツ軍部の強い要望とくらべると、あまりにも無力であった。

❖アメリカの参戦

このようにして、和平交渉妥結の目途が立たなくなったとき、軍部は一九一七年一月九日にプレスで御前会議を開き、カイザーの裁決により一挙に潜水艦戦の無制限化の実施に決着をつけようと決意した。会議に先立ち、海軍軍令部長ホルツェンドルフは帝国宰相に対して、無制限潜水艦作戦を開始すれば、五か月以内にイギリスを降伏させる確信があると通告し、その早期実施を要望した。そこで、会議では、帝国宰相は、なお合理的判断では対米関係の破綻を憂慮しつつも、結局、軍部に対する抵抗をやめ、いっさいを最高統帥部の主張に加担したカイ

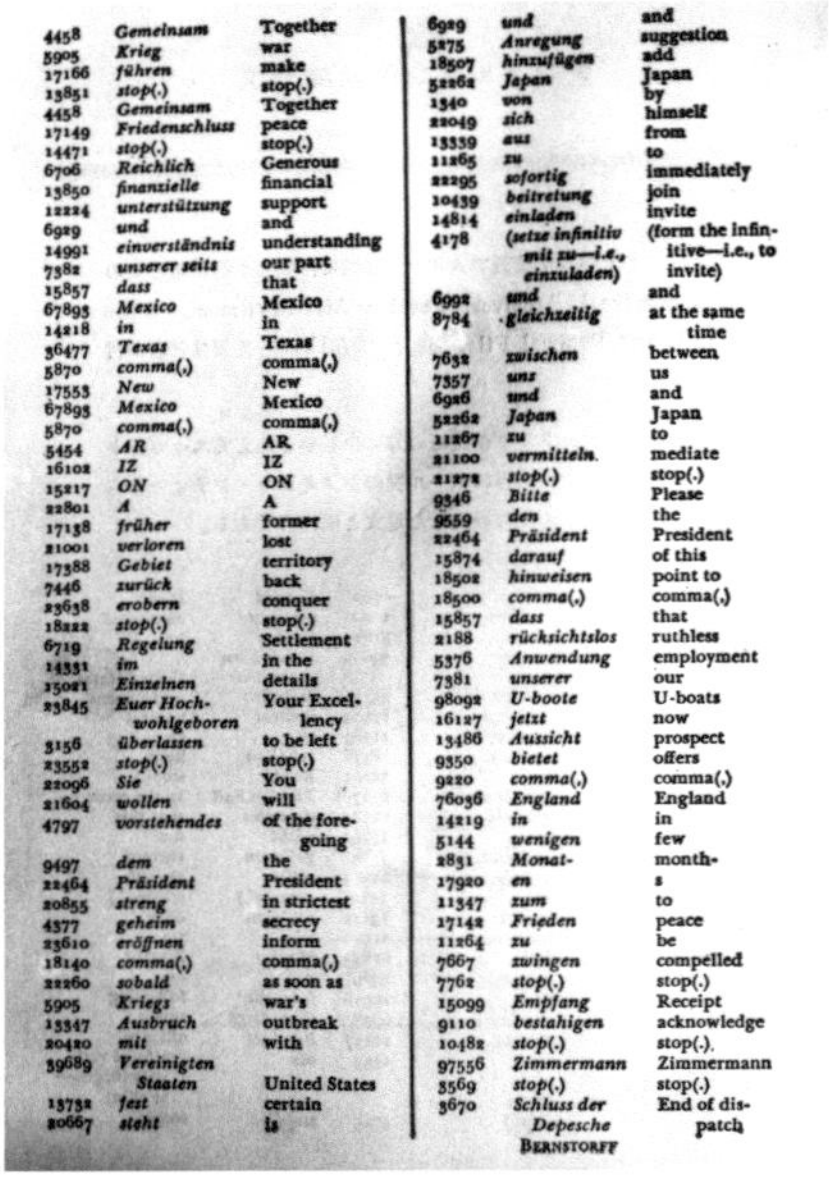

4458	*Gemeinsam*	Together
5905	*Krieg*	war
17166	*führen*	make
13851	*stop(.)*	stop(.)
4458	*Gemeinsam*	Together
17149	*Friedenschluss*	peace
14471	*stop(.)*	stop(.)
6706	*Reichlich*	Generous
13850	*finanzielle*	financial
12224	*unterstützung*	support
6929	*und*	and
14991	*einverständnis*	understanding
7382	*unserer seits*	our part
15857	*dass*	that
67893	*Mexico*	Mexico
14218	*in*	in
36477	*Texas*	Texas
5870	*comma(,)*	comma(,)
17553	*New*	New
67893	*Mexico*	Mexico
5870	*comma(,)*	comma(,)
5454	*AR*	AR
16102	*IZ*	IZ
15217	*ON*	ON
22801	*A*	A
17138	*früher*	former
21001	*verloren*	lost
17388	*Gebiet*	territory
7446	*zurück*	back
23638	*erobern*	conquer
18222	*stop(.)*	stop(.)
6719	*Regelung*	Settlement
14331	*im*	in the
15021	*Einzelnen*	details
23845	*Euer Hochwohlgeboren*	Your Excellency
3156	*überlassen*	to be left
23552	*stop(.)*	stop(.)
22096	*Sie*	You
21604	*wollen*	will
4797	*vorstehendes*	of the foregoing
9497	*dem*	the
22464	*Präsident*	President
20855	*streng*	in strictest
4377	*geheim*	secrecy
23610	*eröffnen*	inform
18140	*comma(,)*	comma(,)
22260	*sobald*	as soon as
5905	*Kriegs*	war's
13347	*Ausbruch*	outbreak
20420	*mit*	with
39689	*Vereinigten Staaten*	United States
13732	*fest*	certain
20667	*steht*	is
6929	*und*	and
5275	*Anregung*	suggestion
18507	*hinzufügen*	add
52262	*Japan*	Japan
1340	*von*	by
22049	*sich*	himself
13339	*aus*	from
11265	*zu*	to
22295	*sofortig*	immediately
10439	*beitretung*	join
14814	*einladen*	invite
4178	*(setze infinitiv mit zu—i.e., einzuladen)*	(form the infinitive—i.e., to invite)
6992	*und*	and
8784	*gleichzeitig*	at the same time
7632	*zwischen*	between
7357	*uns*	us
6926	*und*	and
52262	*Japan*	Japan
11267	*zu*	to
21100	*vermitteln.*	mediate
21272	*stop(.)*	stop(.)
9346	*Bitte*	Please
9559	*den*	the
22464	*Präsident*	President
15874	*darauf*	of this
18502	*hinweisen*	point to
18500	*comma(,)*	comma(,)
15857	*dass*	that
2188	*rücksichtslos*	ruthless
5376	*Anwendung*	employment
7381	*unserer*	our
98092	*U-boote*	U-boats
16127	*jetzt*	now
13486	*Aussicht*	prospect
9350	*bietet*	offers
9220	*comma(,)*	comma(,)
76036	*England*	England
14219	*in*	in
5144	*wenigen*	few
2831	*Monat-*	month-
17920	*en*	s
11347	*zum*	to
17142	*Frieden*	peace
11264	*zu*	be
7667	*zwingen*	compelled
7762	*stop(.)*	stop(.)
15099	*Empfang*	Receipt
9110	*bestahigen*	acknowledge
10482	*stop(.)*	stop(.).
97556	*Zimmermann*	Zimmermann
3569	*stop(.)*	stop(.)
3670	*Schluss der Depesche*	End of dispatch
	BERNSTORFF	

ツィンマーマン電報事件の暗号
解読文の写し

ザーの裁決にゆだねてしまった。その結果、会議は二月一日から無制限潜水艦作戦を開始することを正式に決定した。

一月一二日、連合国は正式にウィルソンの講和の仲介を拒絶すると回答し、ドイツ最高統帥部の予想は的中した。だが、ウィルソンはさらに一月二二日に上院で「勝利なき平和《ピース・ウィズアウト・ヴィクトリー》」のプログラムを発表して講和の実現を交戦国に向かって呼びかけた。それにもかかわらず、無制限潜水艦作戦開始の通告は、ワシントンから反対を強く訴え続けてきた駐米大使ベルンシュトルフの努力を無視して、予定通り、一月三一日にアメリカに向かって行われた。

二月三日、ウィルソンはドイツに対する国交の断絶を決定した。無制限潜水艦作戦の通告が断交の直接的契機になったことは疑いないが、しかし、アメリカをさらに参戦へと推進するいま一つのショッキングな出来事が突発した。三月一日付の朝刊各紙が報じたツィンマーマン電報事件がそれである。

これは、ドイツ外相ツィンマーマンがメキシコ駐箚ドイツ公使エックハルトにあてて発した一月一九日付の暗号電報を、傍受解読したイギリス海軍情報部からアメリカ政府に通報されその内容が新聞に発表されたことによって、大きなセンセーションをまきおこしたという事件である。その内容は、アメリカが参戦すると、メキシコはそれに対抗してドイツと同盟しアメリカに対して宣戦布告する、その代償として、ドイツはもとのメキシコ領のテキサス・ニューメキシコ・アリゾナの三州をメキシコ領に復帰させることを約束する、それとともに、ドイツは日本と単独で講和し、日本・ドイツ・メキシコの対米三国同盟を締結する、というものである。アメリカ政府としては、この陰謀を暴露することによって、アメリカ国民に反独感情を煽り、参戦熱を高めることがねらいであったが、この企ては成功した。この陰謀は突飛な着想のようにみえるが、すでにみたように、ストックホルムではルチウス公使が対日接近を画策していたので、この事実と結びつけて考えてみると、日本・ドイツ・メキシコの三国間の結合といったような荒唐《こうとう》無稽《むけい》に感じられる噂が流れたのも、それゆえ、決して偶然ではなかったことが知られる。

ウィルソンは四月二日に議会で対独宣戦要請の決意を表明し、ついに四月六日にアメリカはドイツに宣戦を布告した。

ドイツ帝国の敗北

❖「七月危機」とブレストーリトフスク条約

一九一六年の夏以来、政治上軍事上のすべての決定は最高統帥部、とくにルーデンドルフの掌中に握られていたが、アメリカの参戦や無制限潜水艦作戦の失敗とともに、軍事的勝利の展望はとざされてきた。一方、すでに一六年一月、ローザ＝ルクセンブルクの指導のもとに社会民主党内の左翼急進派はスパルタクス団を組織し、ついで三月には、ハーゼほか一八名の議員が軍事予算に反対して社会民主主義協働団を結成し、党主流の戦争協力政策を批判したが、この両者は一七年四月に合同し独立社会民主党を結成した。たまたま、同年三月に始まったロシア革命がドイツにも影響をあたえ、四月に、軍需産業に大規模なストライキが起こると、多数派社会民主党も戦争遂行に対して、ようやく批判的な姿勢をとり始めた。

一七年七月六日、中央党のエルツベルガーが歴史的な演説を帝国議会の本会議で行ったのは、この状況下であった。エルツベルガーは形式的には政府、すなわちベートマン＝ホルヴェークを批判したが、実際の目標はドイツの実権者ルーデンドルフであり、この演説の投げかけた波紋は大きかった。この発言を契機として、無併合無賠償の妥協講和による速かなる戦争停止の要望と、内政の民主的改革をめざし三級選挙法の廃止を要求する声がいっせいに高まったからである。ベートマンは多数派社会民主党との妥協を決意し、七月一一日に勅令で直接普通選挙法の施行を正式に公表し、国会多数派との協力体制の再建をはかろうとしたが、最高統帥部は、ベートマンのこの措置を戦争遂行を妨害するものと非難し、参謀本部総辞職の威嚇によって、七月一三日には、ベートマンを辞職に追い込んだ。

「七月危機」はこのように帝国宰相の退陣を招来したが、その後任にはビューローを再任させる動きがあった。だが、カイザーは「デーリー＝テレグラフ」事件以来ビューローに対する反感を根強くもっていてその就任を拒否し、そのため結局は、最高統帥部と折り合いのよいプロイセンの官僚出身ミハエリスが帝国宰相に就任した。このように、帝国議会に何ら気をつかうことなく最高統帥部がカイザーを動かして後任帝国宰相を任命できたという事実は、議会制民主化運動の頓挫を意味する政変といえよう。

ミハエリスは議会多数派と軍部とに挟撃されて三か月半で帝国宰相を辞職し、そのあとはカトリックの哲学者として知られ、バイエルン首相の経歴をもつヘルトリングが一七年一一月より就任した。彼は表面的には議会多数派の支持を受けていたが、実際は軍部の傀儡《かいらい》に過ぎず、ルーデンドルフの軍事独裁がいぜんとして続いた。その間のドイツの軍事情勢をみると、アメリカの参戦はドイツにとって不利であったにせよ、東部戦線では、革命の国ロシアがブレスト=リトフスク条約を結んで大戦から脱落し、ドイツに希望をあたえていた。

一七年一二月三日からドイツは革命によって成立したばかりのソヴィエト政権とのあいだに、ドイツ軍東部軍司令部の所在地であったブレスト=リトフスクで休戦交渉を進めていた。ドイツ全権はキュールマン外相とホフマン将軍、オーストリア=ハンガリー全権はチェルニン外相であった。ソヴィエト指導部内部では、ドイツ側の講和条件をめぐって、レーニンとトロツキーとのあいだに合意が得られず、休戦交渉は難航した。そして一二月一八日以来戦争の再開さえ発生し、ドイツ軍は広大なロシアの領土を占領した。ソヴィエト政権はこの重大な危機に直面したため、レーニンの唱える講和の主張がようやく支配し、一八年三月三日にブレスト=リトフスク条約が成立した。この条約によって、ソヴィエト政権は旧ロシア帝国の領土であったポーランド・リトアニア・エストニア・クールランド（ラトヴィア西部）の主権を放棄し、フィンランドより撤兵し、さらにウクライナの独立をみとめるなど、広大な地域を失った。これはドイツとフランスを合わせた面積よりもなお広い領土であり、その上さらに六〇億マルクの償金を課せられた。

❖軍事独裁者ルーデンドルフの失脚

　この条約により東部戦線から解放され、全力を西部戦線に傾注することのできたドイツ軍は、三月二一日に総攻撃を開始し、ソンム攻勢に成功したが、しかし、それ以上は補給が続かず、進撃を停止した。これに対して、連合国側は連合国軍最高司令官に任命されたフォッシュ元帥の指揮のもとに反撃に転じ、八月八日、イギリス軍はソンム戦線でドイツ軍の優勢をくつがえした。

　軍事情勢が悪化すると、休戦と講和という絶体絶命の状況と関連して、議会制民主化運動が急激に具体化し始めた。ドイツ・オーストリア＝ハンガリーの同盟国側の一角は、まず九月二九日のブルガリアの降伏によって崩れた。その前日に当たる二八日のこと、ルーデンドルフは革命による破滅を避けるために「勝利による平和」というこれまでの主張を変え、即時休戦ならびに、アメリカ大統領ウィルソンが一八年一月八日の年頭教書で発表した「十四か条の平和《フォーティーン・ポ》原則《インツ》」にもとづく講和を実現するために、議会政党を基盤とする民主的政府に改組すべき必要を、ヘルトリングに申し入れた。ヘルトリングはこの情勢の激変に対応することができず、帝国宰相を辞職した。

　一〇月三日、連合国が交渉の相手としてみとめるとみられたバーデン公マクシミリアン（一八六七〜一九二九、略称マックス公）が後継帝国宰相として組閣し、終戦交渉の使命を担うことになった。社会民主党はすでに一二年の総選挙で四二五万票と一一〇議席を獲得した第一党に成長していたが、この新内閣のもとにはじめて幹部のシャイデマンとバウアーが入閣した。社会民主党は数十年間激しく帝政と闘ってきたから、この事実は社会民主党の国家に対する態度の変化であり、注目に値する。マックス公の新内閣は、一方で「上から」の民主化を進めつつ、他方でアメリカに「十四か条の平和原則」にもとづく休戦の意志を示したが、その回答として、ウィルソンが軍部や王朝的専制君主を交渉の相手にしないと明言したことにより、ドイツは徹底抗戦への道か、国内体制民主化の道かの選択に迫られた。この強烈な外圧の前に、結局、一〇月二六日、寛大な条件の提出されることを期待していたルーデンドルフの希望は空しく、ついに失脚した。

❖ドイツ革命とカイザーの退位

このようにして軍事独裁は崩壊したが、残る問題はカイザー退位の問題である。カイザーは退位しても帝政は存続させるべきであると考えていたが、すべては、一〇月二八日にキール軍港から発生した水兵の反乱の展開のなかに、まき込まれていった。一一月三日、反乱はいっそう深刻になり、八日までのあいだ、全ドイツは革命に包まれた。「下から」の革命が「上か

休戦協定の調印

ら」の改革よりも、このようにしてドイツの方向を決定した。

　マックス公は休戦交渉の必要上、カイザーに退位を勧告したが、カイザーは、これをみとめず、ルーデンドルフの後継者であった参謀次長グレーナーの助言をも退け、戦場におもむき、スパの軍司令部で革命の報に接した。カイザーはホーエンツォレルン王朝の権威を守るため、最後まで「ドイツ皇帝としては退位するが、プロイセン王として留位したい」と考えていた。しかし一一月八日にグレーナーから、ドイツ国内は完全に革命の炎に包まれ、もはや軍隊はカイザーの命令に従わないという真相を告げられ、この甘い希望は打ち砕かれた。九日、マックス公は独断でカイザーの退位を宣言するとともに、みずからは帝国宰相を辞任した。代わって社会民主党党首エーベルトが政権を受けつぎ、シャイデマンが帝政の廃止と共和政の樹立を宣言した。

スパの軍司令部にいたカイザーはスイスに亡命すべきか、オランダに亡命すべきかを思案したが、ヒンデンブルクの提議にしたがって、スパに近い君主政の国家オランダを選び、一〇日早朝、オランダへ去った。一一月、ドイツ側の代表となったエルツベルガーはヒンデンブルクの指示の通り、コンピエーニュの森に配置されていた列車のなかで、休戦条約に調印し、ここに第一次大戦は終わった。

もっとも、軍部の指導者が休戦条約に調印せず、中央党の一政治家エルツベルガーがその役割を演じたことは、敗戦の責任を曖昧《あいまい》にしたのみでなく、エルツベルガー個人にとっても、あとで不幸を招くもとになった。ドイツでは、終戦後まもなく、敗因として「匕首伝説《ドルヒシュトーシューレゲンデ》」という説がまことしやかに語られた。それは、ドイツ軍が大戦の終結まで、敵兵をドイツ本国に侵入させなかったことを強調し、最後まで抗戦すれば、敵も攻めあぐんで妥協したのに、おなじドイツ人のなかの裏切りものが革命を起こし、帝政を倒して敗戦への道を開いたのだという主張である。これは、帝政にノスタルジアを抱いていた右翼勢力の考え方で、社会主義者に敗戦の責任を求めようとする理屈であるが、この論理は「左翼に転向した」エルツベルガーにもおよび、やがて彼は一九二一年八月二六日に国粋派に暗殺されるのである。

おわりに

❖ヨーロッパの地盤沈下

このように第一次大戦は、一九一八年九月二九日のブルガリアの降伏、一〇月三〇日のオスマン帝国の休戦、一一月三日のオーストリア－ハンガリーの休戦に始まり、一一月一一日のコンピエーニュの森でのドイツの休戦条約の調印とともに終結したが、大戦の歴史的意義はいかに考えるべきであろうか。

大戦の原因としては、建艦競争や三B政策で尖鋭《せんえい》な対立におちいったイギリスとドイツの関係、アルザスとロレーヌやモロッコの問題をめぐるドイツとフランスの対立関係、オスマン帝国の衰退にともなって発生したバルカンにおける汎ゲルマン主義と汎スラヴ主義の角逐、またそれと結びついた複雑な民族相剋の問題、さらに同盟国（ドイツ・オーストリア－ハンガリー）と協商国（イギリス・フランス・ロシア）とのバランス－オブ－パワーの危機などをあげるのが普通である。第一次大戦はこれらの、いわばヨーロッパの問題から発生した戦争であった。ところが、戦争の両陣営の同盟国と協商国はそれぞれ中小国や植民地の諸民族をも軍事的に動員せざるをえず、そのことは「おくれた」地域の諸民族にとって、民族独立の要求を主張しうる好機となり反植民地主義高揚への道を開いた。しかも、大戦は、ロマノフ王朝のロシア、ハプスブルク王朝のオーストリア゠ハンガリー、ホーエンツォレルン王朝のドイツの三帝国の崩壊によって終結し、それに代わる社会主義国家ソ連の出現とともに、一九年にパリで開かれた平和会議は非ヨーロッパ国家アメリカのイニシアティブのもとに進められることとなり、さらに、極東の日本の発言力が強大になるという結果を招いた。

要するに、大戦の結果、戦勝国イギリスとフランスが自己の意図の通りに戦争を閉幕し、世界をこれまでのように一方的に統制することが不可能になったという事実は、大戦前には考えられなかった事態の顕在化であった。とくに、ロシアにおけるボリシェヴィキ政権の成立とドイツ帝国の崩壊は一四年以前とまったく様相を異にする新事態の発生であった。このように開戦と終戦とのあいだにみられる変化は、一口でいえば、世界政治に占めるヨーロッパの比重の低下といってよい。アメリカの台頭、ソ連の誕生、アジア・アフリカの反植民地運動の活発化などは、すべて第一次大戦を契機として生起してきた現象であり、いっさいはヨーロッパの地盤沈下と表裏一体の関係をなすものとみてよいであろう。

ドイツ帝国は敗戦と革命によって崩壊した。だが、「カイザーは去ったが、将軍たちは残った」といわれた。これは、革命が不徹底で民主主義の基礎を固めることが十分でなく、やがてナチスの出現する素地を残したことを意味する。ドイツはさらに第二次大戦を経なければ民主主義を定着させることはできなかったのである。

❖カイザーの亡命生活

ドイツ帝国の崩壊した一八年はカイザー五九歳のときのことであった。彼は一一月一〇日早朝、スパから特別列車に乗ってオランダに向かったが、アメロンゲンのベンティンク伯邸に迎えられ、そこで疲れを癒《いや》した。

ドイツは一九年六月二八日にヴェルサイユ条約をよぎなく調印したが、この平和条約が発効した二〇年一月一〇日の五日後に、連合国はオランダ政府にカイザーの引き渡しを要求した。オランダ政府は、条約に参加していないことを理由にして、この要求を拒否したが、その一か月後に、条約実行委員である連合国大使会議は、ふたたびこの要求をオランダ政府に申し入れた。三月五日、オランダ政府は、国家の主権と名誉をかけて、その拒絶をくりかえしたが、その代わりに、アメロンゲン城はドイツの国境からわずか数マイルの近接した土地であるから、そこよりはドイツから離れたユトレヒトに近いドールン城へカイザーを移すことを通告した。

晩年のカイザー

連合国はこのように身柄の引き渡しの困難なことを知り、この措置で満足することにした。

　身柄引き渡しの危険の去ったことを知ったカイザーは二一年春以来、ヒンデンブルクと手紙を交換し、亡命の責任の所在を明らかにしようとした。その結果、退位についてはマックス公とヒンデンブルクに連帯責任があるが、の亡命についての責任は、もっぱらヒンデンブルクにあることを、この老元帥にみとめさせた。それとともに、カイザーは帝政の復活を夢みて、回想録の執筆に当たり、一八年までの治世を弁明しようとした。発表された回想録は二種類あり、ドイツ帝国の政治や外交

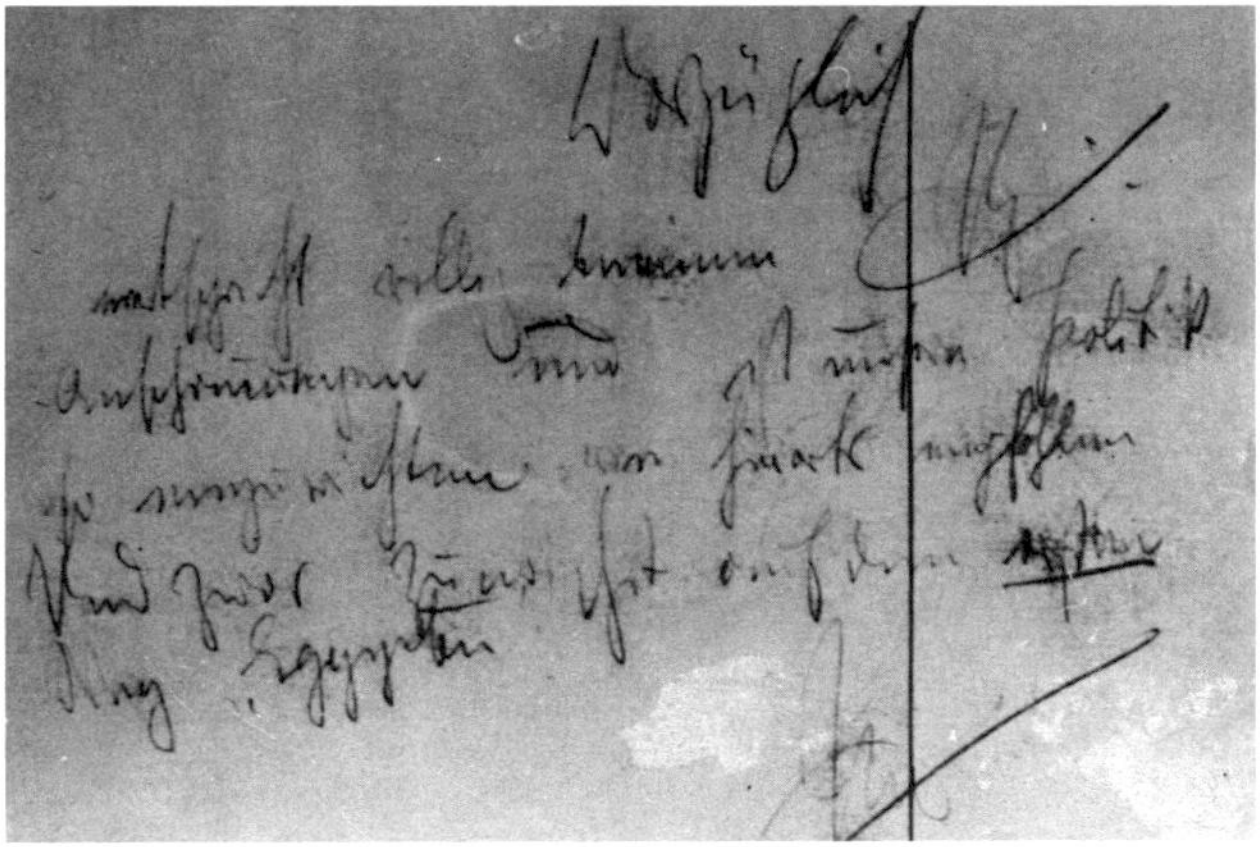

カイザーの筆跡

の研究の史料として注目されるのは、二二年に刊行された『一八七八年から一九一八年にいたるあいだの出来事と状況』である。本書を通して、たとえば、カイザーがタンジール事件やアガディール事件の主謀者でなかったことや、第一次大戦の開戦を決定したと噂されたポツダム御前会議なるものが空中楼閣に過ぎなかったことを知ることができ、カイザーもドイツ政府も戦争の発生に責任のないことを示そうとしている。当然、この回想録は自己弁護が多すぎるという批評が一般化しており、カイザーの記述をすべてそのまま信用することは危険であるが、それはともかく、本書を通して、カイザーの言い分を知ることができる。いま一つの『わが生涯から　一八五九―一八八八年』（一九二七年刊）はカイザーの少年・青年時代の伝記である。

一九二一年四月、カイザーは、六男一女の母であった前皇后アウグスタ＝ヴィクトリアを亡くして傷心状態にあったが、その翌二二年一一月、六三歳で再婚し、世界をおどろかせた。

新夫人はホーエンツォレルン家と並称される家系のロイス＝グライツ侯ハインリヒ二二世の娘ヘルミーネ＝ロイス＝ツー＝グライツで、南ドイツ第一の美人として知られた三五歳の未亡人であった。

そのあとカイザーはいっさい政治から絶縁し、ドールン城で静かに余生を送った。その間ドイツは、ヴァイマル共和国の崩壊とナチス政権の成立、ポーランド問題に始まる第二次世界大戦（以下第二次大戦）の勃発というように、激動の歴史の主人公となったが、カイザーは独ソ開戦直前の四一年六月四日に肺栓塞《せんそく》で忽然《こつぜん》と世を去った。八二歳の長い生涯であった。

❖カイザーの実像

カイザーが帝位にあったのは憲法上からいうと、一八八八年六月一五日から一九一八年一一月九日までのあいだであるが、実際には、その初めの一八八八年から九〇年までのあいだはビスマルクが、またその終わりの一九一六年から一八年までのあいだはルーデンドルフが皇帝の名のもとに政治を行っていたから、カイザーの「親政」は一八九〇年から一九一六年までとみてよい。カイザーの外交の理想は、一方でイギリスと親善関係を保つとともに、他方でロシアやフランスと結び大陸同盟を締結することであった。しかし、野心的な行動が祟《たた》り、彼の夢はことごとく幻と消え去った。

南アフリカ戦争の前の一八九六年、ジェームソンの侵入を撃退してイギリスの野望を挫いたクリューガー大統領に祝電を打って反英的態度をとり、「ドイツの将来は海上にあり」と叫んで大海軍の建設に着手し、また、オスマン帝国皇帝を訪問して三億のイスラーム教徒の友人であると演説したことなど、カイザーの派手な行動はしばしばイギリスを刺激した。ロシアに対しては、黄禍論を鼓吹して日露戦争の勃発を煽動したり、また、フランスに対しては、タンジール事件をひきおこしてモロッコ危機の端緒をつくった。さらに、「デーリー＝テレグラフ」事件にいたっては、カイザーの行動の軽率さを示す最たるものであった。これらの行動が集積し、結局、ドイツの外交的孤立を招来したといえる。

カイザーがすばらしい記憶力やすばやい理解力をもつ有能な帝王としての一面をもっていたことはたしかであるが、その反面で、分別が足りないという致命的な欠陥の持ち主で、このバランスの欠如した性格が、しばしば政治・外交に緊張をもたらす要因になった。この点について、わが国でも、たとえば外相の経歴をもつ石井菊次郎などが厳しい批判を加えているが、帝政ドイツの悲劇は、このような異常な性格の持ち主の「親政」を抑止する装置が国家の構造上できていなかったところにあった。カイザーを補佐した歴代の帝国宰相や軍部の代表者にその独裁をコントロールする手腕や識見を期待することは、もとより無理であった。このように、ドイツ帝国は国家の構造そのものに禍根があったので、すべては一八年の敗戦と革命による国家の変革以外に、根本的な解決策はなかったといえよう。

カイザーはイギリスやフランスなどの連合国の政治家から、大戦の最大の責任者として弾劾された。このようなイメージができ上がったのは、上にみた野心的な行動に由来するもので、カイザー自らにも責任がある。しかし、第一次大戦中やその直後は敵愾《てきがい》心の強いときであり、さらに、ドイツから多額の賠償金をとり立てなければならないという政治的要求もあって、必要以上にカイザーが悪役に仕立てられたことも事実である。

カイザーは回想録では自らを平和の使徒のように描いている。これも自己弁護が多く、行き過ぎであるが、実際、そのあと第一次大戦の原因に関する客観的な歴史研究が進むと、これまですべてカイザーの責任とされた出来事も真相は違っていたことがいろいろな点で明らかにされてきた。たとえば、一九〇五年のタンジール上陸についてのカイザーの真意や一四年のポツダム会談の架空性が実証されたことなどが、その好例である。そこで、今日では、大戦の責任をカイザー個人に求める考え方が全然通用しなくなっているのみでなく、さらに、六〇年代に西ドイツの歴史学界で活発に展開されたフィッシャー論争を通して、第一次大戦に対するドイツの戦争目的についての研究は、画期的な段階にはいった。それに関して、皇帝・帝国宰相・政府・軍部・ブルジョワジーをふくむ全支配層に尨大な帝国主義的野望のあったことが明らかにされている今日、カイザー一個人にすべての責任を追求することは、すでに古い見方であるといってよい。

❖ドイツの果たした役割

それならば、ドイツの第一次大戦の戦争目的を具体的にいえば何か。それには、ハンブルク大学の歴史家フリッツ＝フィッシャーの主張をとりあげてみる必要がある。彼の学説の基礎は、新しく発見された帝国宰相ベートマン＝ホルヴェークの名のもとに作成された戦争目的綱領にある。それは、ベートマンがコブレンツの大本営で作成させたもので、マルヌ会戦がたけなわの、フランスの崩壊が近いと予想されていたときに当たる一四年九月九日に、そこからベルリンにいる帝国宰相代理のデルブリュック内相に送付されたというものである。それによると、ドイツは、中央ヨーロッパに大帝国を建設してこそ、はじめて世界強国のイギリス・ロシア・アメリカと対等の世界強国として繁栄する道が開かれる、という考え方が示されている。この思想は、とくにアルゲマイネ電気会社のヴァルター＝ラーテナウやドイツ帝国銀行の首席取締役アルトゥア＝フォン＝グヴィンナーがその持ち主で、ベートマンはこれらの人々から影響を受けていた。

グヴィンナー

ベートマンのこの九月綱領には、このドイツの覇権の確立をともなう中欧思想のほかに、さらに、ドイツは中央アフリカにも植民帝国を建設し自給自足の経済圏を獲得することをも戦争目的として掲げられている。これらの着想が単なる帝国宰相個人のものでなく、当時のドイツの政界・軍部・産業界などの支配層のすべてに共通する考え方であったというところに、九月綱領のもつ重要性があった。というのは、この綱領が実現すると、イギリスはヨーロッパ大陸から勢力を一掃され、ロシアは東方に後退を強いられ、フランスは大国としての地位を失うことになるからである。

要するに、ドイツはヨーロッパの中心部と中部アフリカに大帝国を建設することを戦争目的とした。この目的はイギリスとの対立を必然的なものとするが、しかし、ドイツはイギリスに挑戦するという考えはなく、ただイギリスと同等の地位を確立したいと念願していた。そして、それによりドイツはイギリス・ロシア・アメリカのような世界帝国を建設したいということが目標であったが、この企ては当然大きな反発を受けた。第一次大戦がそれであったことはいうまでもない。

第一次大戦の原因のなかで最も重視されてきた英独関係悪化の主要要因の一つが両国間の建艦競争であったことは、誰の目にも明らかである。当時の世界は英独両国のいずれが有利となるかに注目していたが、その結果はむしろ、第一次大戦の終結とともにヨーロッパそのものの地盤沈下が顕在化してきたことが明示しているように、英独両国の共倒れの招来といってよい。その点からみても、一九一七年のアメリカの参戦とロシアの革命は、新しい時代の開幕を告げる象徴的な出来事であった。二〇世紀国際政治史の基本構造がこの年に始まる米ソ両極構造を基盤とするものであることは、第二次大戦後の世界で、明瞭になったが、第一次大戦時代のドイツにはこのような国際政治の基本構造への深い洞察などはなかった。カイザーをはじめとするドイツの支配層には、国際政治の基本構造が英独関係でなく、むしろ英露関係から米露関係に基軸が変化しつつあったことを見抜く洞察力のあったものはなく、ただ高揚した民族的活力のおもむくまま世界強国への道を歩もうとしたのみで、その努力は、しょせん、徒労に終わり、ドイツ帝国は潰滅した。このように、第二次大戦後の世界から第一次大戦におけるドイツの歴史的役割を展望するならば、ドイツの役割は、結局、米ソ両極構造時代開幕への触媒に過ぎなかったといえよう。

(付) 第一次世界大戦の研究史

❖戦争責任論争と外交史研究

第一次大戦の終結以来すでに約一世紀を経た今日、この戦争の研究発達史をふりかえることはひじょうに意義深い。この戦争の世界歴史の進展のうえに演じた役割は極めて大きく、二〇世紀史を動かす諸要因の起源は、アメリカの国際政治学者ジョージ＝ケナンも指摘しているように[1]、すべてこの戦争にあるといっても過言でないほどである。アメリカの台頭、ソ連の成立、アジア・アフリカでの反植民地主義運動の活発化――これらはすべてこの戦争を契機として生起してきた現象である。ドイツの哲学者オスヴァルト＝シュペングラーがこの戦争を「西洋の没落」の顕在化ととらえたことはよく知られているが[2]、これは要するに、近世初頭以来、政治・経済・文化のあらゆる面で全世界の指導的地位にたってきたヨーロッパが、この戦争を転機として衰退への第一歩を踏み出したという事実をみとめたヨーロッパ人の危機意識の表明であったと解される。

ところで、第一次大戦は日本では「欧州大戦」の名で知られてきたように、その発端はヨーロッパ問題であり、また実際の主要な激戦地はヨーロッパであった。したがって、この戦争の研究が欧米でさかんであるのに反して、日本では総合的な大戦史研究はほとんど見当たらないという現状である。もっとも、一口に第一次大戦史の研究といっても、戦争の全体像を描くことは至難の課題で、そのうちの軍事史や外交史のみの研究はすでに数多く成果が提示されているが、すべての問題を有機的に総合した大戦史を叙述するという事業は、今日、欧米でもまだ果たされていない。そこで、ここでは、それぞれの領域における従来の研究成果のなかで、最も第一次大戦史研究の意識をとらえるのにふさわしいと判断される作品のみをピックアップし、それらの作品にひそむ問題意識の変遷を調査して欧米での研究発達史を展望しつつ、それによって第二次大戦までの研究水準を知悉するとともに第二次大戦後の今日の研究動向を明らかにしてみたい。

第一次大戦史の欧米における研究史を展望するためには、まず史料公開の事情を知らねばならない。そのはじめとしては、一九一四年の開戦後まもなく各国政府が争って発表したカラーブック（ドイツ―白書・イギリス―青書・ロシア―橙書・ベルギー―灰書・セルビア―青書・フランス―黄書・オーストリア―赤書・イタリア―緑書など）と呼ばれる外交文書のたぐいがある。

これらの公刊の動機は開戦理由を国民に説明して協力を求めるという政治的意図にあったが、これらの史料にもとづく研究がはやくも大戦中にもあらわれた[3]。

大戦の終結事情は研究の発展に重大な影響をおよぼした。その一つはボリシェヴィキ革命のあたえた衝撃である。革命政府は帝政ロシアの機密外交文書を全面的に公開したが、このことは帝国主義列強全体の秘密外交の実態をも暴露するという結果を招き、多数の秘密条約の存在が明るみにだされた。さらに、ヴェルサイユ条約の締結がいま一つの問題を提起した。この条約は戦争責任の所在を独墺側に規定したので、これをめぐる論争が大戦原因論について史的究明をいちじるしく促進したのである。

一九二〇年代はこのような事情を背景として、大戦前史の外交史的研究が活発に進められた時期である。大戦原因論を本格的な学問研究の対象として定着させるためには、大規模な外交文書集の刊行が必要である。ドイツがまず最初にこの企てを国家事業として着手した[4]。ドイツの単独責任を決定したヴェルサイユ条約は学問的な事実認定にもとづくものでなかったので、ドイツではこの条約に対する反発意識が強烈であった。ついで、この刺激を受けたイギリスや[5]フランスや[6]オーストリアでも、それぞれ自国の立場を説明するために外交文書の系統的な編集と公刊を行った。一九三〇年代にはいると、ソ連も一九一七年までの帝政ロシアの外交文書を公開したが[7]、第二次大戦後の今日では、イタリアの刊行事業が注目される[8]。

以上の諸史料の公開にともなって、戦争責任論争が激しくかわされた。ドイツでは『戦争責任問題』と題する専門雑誌が月刊として刊行されたほどで、ドイツに対する戦勝国の責任追求に反論するために、多くの歴史家が健筆をふるった。一方、フランスの歴史家も自国の立場の弁護論に傾きがちな議論を展開した。このように、客観的な立場を保持すべき歴史家も国民感情と切り離して論及するのが困難であることを示した。その点では、海を越えたイギリスのグーチの学説のほか、アメリカではかなり冷静な態度にもとづく研究がみられる。バーンズの『世界大戦の発生』[9]（一九二八）やフェイの『世界大戦の起源』[10]（一九二九）などがその代表作であり、これらは、一方的に独墺側の責任のみを追求する態度に対して批判的な立場をとっているところに特徴がみられる。これに反して、シュミットは『大戦の到来』[11]（一九三〇）を著わして、どこまでも独墺側の責任を追求する姿勢をくずさなかったが、概していえば、ドイツの単独責任を否定する「改訂主義」（修正主義）が優勢になった。

上にみた欧米での戦争責任論争は、つぎのように分類することができる。[12]その第一は、独墺側にもっぱら戦争責任を求める強硬論者のグループである。たとえば、ルードビッヒ、ブルジョワ、パジェス、ドビドールらの名をあげてよい。第二は、戦後公刊された諸史料を検討した結果、ますます独墺側の戦争責任を確信した人々であり、そのなかには、ルヌーヴァン、シーモア、シュミットの名がみられる。第三は、「改訂主義者」たちである。彼らはヴェルサイユ条約を不合理と考える点では共通しているが、しかし、これはさらに二つに細分される。その一派は、主要な戦争責任は戦勝国側にあるが、その反面に、独墺側も完全に無罪とはいえないと信じる人々である。グーチ、フェイ、ムーン、ディッキンスンらがそれらである。他の一派は独墺側の外交は拙劣であったにせよ、戦争をヨーロッパ全体に拡大することは全然欲していなかったので、ロシアの急速な総動員化にこそ、決定的な開戦責任を見出すことができると強調する全面的な改訂主義者たちである。モンジェラ、シュティーヴェ、ヴェーゲラー、ブランデンブルクらドイツの歴史家が数多くこの分類に属している。

一九二〇年代に展開された戦争責任論争はおおむね以上の分類によって展望することができるが、このような問題意識から出発した研究の水準は、グーチの『ヨーロッパ外交についての最近の史料公開』[13]（俗称「史料解題」、一九二七、第四版・一九四〇）ならびに『大戦以前』[14]（一九三六）に示されている。グーチは戦争の原因を、結局、「正義と不正の衝突ではなくて、正義と正義の衝突」とみるヘーゲルの心境に達した。[15]

そのあとイタリアの歴史家ルイジ゠アルベルティーニが三部作『世界大戦の起源』（一九四三）を第二次大戦中に発表した。[16]第二次大戦後その英訳書が刊行され、[17]一躍この大作が著名になったが、この研究はグーチらの系列に続く研究成果であり、大戦前史や開戦外交史研究における現段階の水準を示す作品とみてよいであろう。本書は、アルベルティーニが第二次大戦でのナチスードイツへの責任追求の意識を投影させたためか、第一次大戦での開戦外交で担うべきドイツの責任を重くみていることが特徴で、その点を指摘した評者のひとりにドイツの歴史家リッターがいる[18]。

以上、戦争責任論争をめぐる外交研究の状況を展望したが、日本でもこの流れに位置づけることのできる作品が若干生みだされた[19]。

❖帝国主義外交の研究

上にみたいわばオーソドックスな外交史研究の系列に対して、さらに一方では、大戦原因論の研究として、これまでの表面的な外交史研究の枠を破り、政治現象のみでなくて、むしろ経済現象との総合のなかに、大戦前史の複雑な歴史の推移を把握できる鍵がひそんでいることに着目し、そのような問題意識にもとづいて再検討しようとする機運も高まってきた。これは、大戦の帝国主義的性格に対する解明という問題意識に支えられた研究の系列である。

帝国主義論の研究の系譜はイギリスの自由主義者ホブソンに始まり、続いてヒルファーディング、ルクセンブルク、カウツキーやレーニンにいたるマルクス主義理論が重要な労作を続々と生みだしたほか、大戦直後には非マルクス主義の立場からシュンペーターの理論も世に問われ、ほぼ第一次大戦終結のころまでに帝国主義に関するいわば古典理論がでそろった。なかでも、欧米での国際関係研究に強い影響をあたえたホブソン理論が注目される。

ホブソン理論が大戦下の、特にイギリスでの平和運動を支える思想上のバックボーンとなっていたことをみのがすことはできない。民主的統制連合（U. D. C.）と呼称される組織が形成され、これが民主的な平和を獲得するためのさまざまの運動の推進力になった。この組織の指導的地位に『帝国主義論』のホブソンが名をつらねていることは興味深い事実であるが、さらに歴史家グーチもその一員であったことを知らねばならない[20]。

ホブソン学派の影響はイギリスだけでなく、ついでアメリカ合衆国にも伝播した。そこでは、マルクス主義理論よりも、むしろホブソン理論にさかのぼり、そこから帝国主義と世界政治との関係を検討するという問題意識が芽生えてきた。その意味で、一九一七年にムーンがコロンビア大学で「一九世紀および二〇世紀における帝国主義と世界政治」の講座を開いたということはこの問題意識の起源を知るための一つの事実として注目される[21]。一九二〇年代になると、アールの『トルコ、列強、およびバグダード鉄道、帝国主義の一研究[22]』（一九二三）や、ニアリングとフリーマンの共著『ドル外交、アメリカ帝国主義の一研究[23]』（一九二六）や、ムーンの『帝国主義と世界政治[24]』（一九二六）などがあいついで発表され、抽象的な古典理論の枠を破って、実証的な歴史研究への努力が傾けられた。

このような研究の傾向はドイツにもあらわれた。伝統を誇るドイツ史学は一九世紀末以来、政治史と社会経済史の分裂になやんでいたが[25]、その総合への道を開拓する絶好の研究領域として、「帝国主義の時代」が脚光を浴びた。ランケ学派の政治史家ヘルマン゠オンケン門下のルドルフ゠イベッケンが『対外政策の問題、ドイツの帝国政策における国家と経済、一八八〇―一九一四年』[26]（一九二八）を発表したが、これがその最も適切な実例であろう。また、社会主義史家として、三一歳の若さで世を去ったエッカルト゠ケーアがいる。彼の著書『大海艦隊建設と政党政策』[27]（一九三〇）はヒルファーディングの『金融資本論』（一九一〇）の影響を受けた研究として知られる労作である。そこで適用された研究方法は、あとで詳述するハルガルテンの『戦前帝国主義』[28]（一九三五）に継承されていくのである。

そこで、つぎに一九三〇年代の研究動向を熟知しなければならないが、この時期では研究成果がアメリカで続々と発表されたことを知ることができる。まず、バーンズが従来の方法から脱皮してムーンの方法論への接近をみせた著書『近代文明における世界政治』[29]（一九三〇）を発表したのを筆頭として、ファイスの『ヨーロッパ――世界の銀行』[30]（一九三〇）や、ランガーの『帝国主義の外交、一八九〇―一九〇二年』[31]（一九三五）などの著作が生みだされた。これらがいずれも経済的決定論を主張しているのでないことに注目すべきである。これらの研究系列のなかでとりわけ理論的に重要な著作はハルガルテンの研究である。これは一九三三年に完成されたが、ナチス支配下の当時のドイツではとても出版できず、一九三五年にパリでようやくそのエッセンスだけが圧縮されて刊行された。これが上にみた『戦前帝国主義』である。ハルガルテンはその後アメリカへ移ったが、第二次大戦をへた一九五一年にその全体を二巻本の大作『一九一四年以前の帝国主義』[32]としてミュンヘンで出版し、さらに一九六三—六四年に、上巻六七六ページ・下巻七二一ページの膨大な増補改訂版を刊行した。彼は「社会学的基礎」という独特の方法論的モデルを駆使して詳細に外交政策の分析に努めた。

つぎに、このハルガルテン理論を、アメリカ合衆国の経済学者ポール=スウィージー[33]とソ連の歴史家エルサリムスキー[34]の書評に拠りながら、やや立ちいって検討してみたい。ハルガルテンの学説が第二次大戦までに生みだされた最高水準の研究と思われるからである。

❖ハルガルテンの学説

ハルガルテン『一九一四年以前の帝国主義』（第二版、ミュンヘン、一九六三—六四）の目次はつぎの通りである。

序　　方法論上の序説

第一部　帝国主義の基礎と西洋におけるその発展

第一章　一九一四年以前の資本主義と帝国主義

第二章　近代におけるイギリスの膨脹政策の社会学的基礎

第三章　フランス革命以後のフランス対外政策の社会学的基礎
第二部　ドイツ国民国家の社会学的下部構造
第四章　国民性の形成と対外政策
第五章　ビスマルクの外交政策の社会学的基礎
第三部　世界政策の社会的基礎
第六章　「あれも、これも」の内政と外交
第七章　対外政策転換の内政的基礎
第八章　対外政策改善の内政上の障害
第四部　破局
第九章　第一次世界戦争の社会学的諸前提
第一〇章　諸理念――人々――諸勢力
第五部　史料

ハルガルテン研究は、副題の「第一次世界大戦前におけるヨーロッパ列強の対外政策の社会学的基礎[35]」からも知られるように、大戦を誘発したドイツ・イギリス・フランス・ロシアなどの列強の対外政策の推進力とその角逐の実態を微細に分析した大作であるが、最も注目すべき点は分析の方法である。ハルガルテンは対外政策の推進力を「利害関係の集合」に求めるが、この「利害関係」という表現は、彼独特の「社会学的」利害関係という概念と結びつけて考えてみなければならない[36]。それは階級・階層・小集団などの集団をさす概念である。したがって、これら利害関係には、経済的な要素を構成契機とする場合が多いが、単にそれだけのものではない。たとえば、ドイツ帝国主義を追求するとき不可欠の要因になるユンカーの存在とその地主的な利害関係、あるいは中央党の役割を考えるに当たってのカトリック的な宗教上の利害関係などに対しても、ハルガルテンは深い配慮を払っている。これらのかならずしも経済的利害関係だけに解消できない要素をも包括する概念を「社会学的」利害関係と呼び、このなかに帝国主義の推進力がひそんでいると考えている。

このような特異な方法論的モデルはどのような学問的系譜から生まれてきたか。その点を理解するためには、ハルガルテンの敬慕してやまない先輩エッカルト=ケーアの研究に注目しなければならない。ハルガルテンは『大海艦隊建設と政党政策』のなかで展開されたケーアの方法論を継承した。ケーアはランケ以来の正統派史学の安住している「対外政策の優位」の理論[37]に対して批判的であったが、ハルガルテンもその立場を継承し、この理論は事実の上でも、また歴史発展のプロセスからみても確認できないので、この理論は単なる「講壇学問論」にすぎないと批評した[38]。そして、その流れを汲むエーリヒ=ブランデンブルクやフリードリヒ=マイネッケが世界戦争をひき起こした歴史の推進力を徹底的に探求するという態度をとっていないことに対して、ハルガルテンは不満をいだいた。

そこで、ハルガルテンはこの行きづまりを打破することに自己の学問上の課題を見出し、そのために政策だけでなく、その社会的基礎を分析することによって、その推進力の把握が可能になると考えたのである。その最も興味深い研究成果の実例としては、一九〇〇年ごろのドイツの対外政策と「結集政策」との関係について、つぎのようなハルガルテンの分析をとりあげることができる。

ハルガルテンによれば、ドイツが、普仏戦争の敗戦以来「対独復讐熱」を燃やしていたフランスのほかに、ロシアやイギリスをも敵の陣営に走らせ、ついに第一次大戦の破局に導かれていった禍根は、結局、「あれも、これも」の政策にあったという。すなわち、彼はドイツ対外政策の失敗の理由をドイツの国内政策と関連づけてつぎのように論ずる。その国内政策とはプロイセンの蔵相ミーケルの「結集政策」として知られている政策である。これは、農産物の輸入関税を高率化し、その税収を海軍拡張の財源に充てるというアイディアである。これによって、ユンカーは東欧から穀物流入による利益の低下を防止することができるとともに、一方、工業資本家も確実な財源に支えられ後顧の憂いなく建艦に専念できることになる。この点をハルガルテンは「工業と農業いずれのためにもなる関税制度をつくりだすことにあり、その税収はそこで海軍拡張政策のための財政的基礎となる。そしてこれらのことはすべて、カイザーをはじめとし、産業家や大地主のため、したがって消費者の犠牲において行われる、という点にあった」と述べている[39]。「あれも、これも」の政策とは、要するにユンカーにも重工業資本家にも歓迎される政策という意味であることがここに明らかになった。

たしかに、この政策によって、ドイツ帝国の支配階級は巨大な利益を保証された。しかし、その反面で農産物関税がロシアとの関係を、また艦隊拡張がイギリスとの関係を悪化させる決定的な要因になった。「結集政策」はこの点に致命的な欠陥をもっていた。

このようにハルガルテンは帝政ドイツの国家構造から分析し、それを国際関係の変遷と結びつけて説明しつつ、とくにドイツを中心に、このディレンマから脱出できないまま第一次大戦を迎えたプロセスを描いており、そのかぎり見事な叙述である。この分析の方法からも察せられるように、ハルガルテンは社会学の方法に接近した。彼は、ヴァイマル時代のドイツに風靡した社会学、なかでもマックス＝ウェーバーの社会学から大きな影響を受けた。ウェーバーの認識論は新カント派リッケルトの価値哲学と密接であるから、ハルガルテンの方法論もそれと無関係に考えることはできない[40]。

しかし、ハルガルテンは宗教的倫理的要因が社会発展を規定するというウェーバーの見方には批判的であり、ウェーバーの「禁欲的清教徒的精神」からは訣別する。そして、ハルガルテンはその点への反論のために、マルクス主義にも接近した。彼は下部構造と上部構造の関係を重視するマルクス主義の諸理論を知悉し、その概念を随所で活用している[41]。

それにもかかわらず、ソ連の歴史家エルサリムスキーはハルガルテン理論に対して、唯物弁証法に立脚する理論では決してないと断定した。この批判が加えられる理由の一つは、帝国主義に対するハルガルテンの考え方のなかから看取される。ハルガルテンはシュンペーターの帝国主義論に対しては、帝国主義の原動力の基本的要因を追求していないことに不満を示し、その社会経済的根源を衝くべき必要を強調し、すこぶる批判的である。しかし、彼は基本的にはヒルファーディングの帝国主義論に拠り、レーニンの帝国主義論に立脚していない。この点にエルサリムスキーらの批判の対象の一つが見出されるのである。

このように、ハルガルテン理論はランケ史学批判、新カント派の哲学、ウェーバーの社会学、マルクス主義、ヒルファーディングの金融資本論というように、その学問的系譜が明瞭で、とくに正統派史学への反逆のなかから生まれた理論であることが注目される。しかし、ウェーバー理論とマルクス理論との折衷性は当然批判を呼びおこした。

まず、イギリスの歴史家テイラーはハルガルテンの叙述のなかにみられる一九〇五年のモロッコ事件の個所をとりあげ、その見方を批判した[42]。すなわち、第一次モロッコ事件について、ハルガルテンがモロッコの銅を求めるドイツの軍需工業資本家や兵器製造工業の資本家クルップの暗躍を注視して、ドイツの対外政策に資本の圧力が加わっていたことを説いている[43]。しかし、これに対してテイラーは、「その社会学的基礎がどうであろうとも、一九〇五年の危機は、まさしく大政策の必要から発生したのだ」と反論し、これは経済的動機とは無関係に政治上の顧慮からひき起こされた国際紛争だと論じ、そこからハルガルテンの「社会学的基礎」に疑問を提起した。

また、ソ連の歴史家エルサリムスキーはハルガルテンの展開した立論や検討した史料を、マルクス主義史学でも利用できるので重視し、その研究成果に対して十分に敬意を表している。しかし、ハルガルテン理論が新カント派の哲学やウェーバーの社会学の影響を受けているうえに、レーニンの帝国主義論を基本的な視角としていない点にエルサリムスキーは不満を示し、さらにハルガルテンが中産階級の役割を過大に評価している反面、反体制運動に対する評価が低いことを指摘し、結局、ハルガルテン理論はマルクス・レーニン主義でないと断定している。[44]

このようにハルガルテン理論はさまざまの批評を受けているが、[45]ハルガルテン自らはマルクス主義的でもなければ、非マルクス主義的でもなく、強いていうならば、現象学的な方法だと述べている。[46]アメリカの経済学者スウィージーはハルガルテンの理論をひじょうに高く評価し、この学説は、「当然社会科学の古典となるであろうし、二〇世紀の基盤を理解するための文献として、また他の人々がそれから学びかつみならうべき方法論的モデルとして、残るであろうことを私は確信している」と述べているが、[47]この批評はハルガルテン理論に対する妥当な評価といってよいであろう。

ハルガルテンの学説が世界の学界の共通財産になったのは第二次大戦後の大作の発表以来であるが、この理論に凝集された問題意識はヴァイマル時代のドイツの学界の雰囲気であり、一九二〇年代から三〇年代にかけての第一次大戦を身をもって体験した世代の問題意識であったことをみのがすことはできない。その点について、スウィージーも、「彼の考えの基礎が、この本がくわだてられ書かれた時期であるヴァイマル共和国時代のドイツ社会主義運動にみられた支配的な思想動向によって形作られたものであることは明らかである[48]」と述べている。

以上、ハルガルテン学説の価値を、独特の方法論的モデル樹立の学問的背景から検討してきた。この学説を第一次大戦の研究史のなかで、とくに外交史を帝国主義論と関連させ、しかも具体的実証的に構成した研究のピークとして位置づけることに対しては、誰しも異論のないことと思われる。

（1） Kennan, G. F., *American Diplomacy 1900–1950*, New York, 1952, p. 56, p.78.（ケナン『アメリカ外交五〇年』近藤晋一・飯田藤次訳、岩波書店、一九五二年、六八、九三—四ページ）。
——, *World War I in the Perspective of Fifty Years*, Tokyo, 1964.（同『アメリカ外交の基本問題』松本重治編訳、岩波書店、一九六五年、九一—一〇七ページ）。
（2） Spengler, O., *Der Untergang des Abendlandes : Umriße einer Morphologie der Weltgeschichte*,

Neudruck der Ausgabe 1918–22, München, 1963.

（3） 吉野作造編『欧州大戦』民友社、一九一六年。
長岡春一『大戦外交史』外交時報出版部、一九一六年。
箕作元八編『世界大戦史』二巻、冨山房、一九一九年。
原勝郎『世界大戦史』同文館、一九二五年。

（4） *Die Große Politik der europäischen Kabinette, 1871–1914,* 40 Bde., Berlin, 1922–26. (G.P.)

（5） *British Documents on the Origins of the War, 1898–1914,* 12 vols., London, 1927–36. (B.D.)

（6） *Documents Diplomatiques Français, 1871–1914,* 3 sers., 41 vols., Paris, 1926–59. (D.D.F.)

（7） *Die Internationalen Beziehungen im Zeitalter des Imperialismus, 1878–1917,* 9 Bde., Berlin, 1930, et seq.

（8） *I Documenti Diplomatici Italiani,* Roma, 1952, et seq.

（9） Barnes, H.E., *The Genesis of the World War,* New York, 1928.

（10） Fay, S. B., *The Origins of the World War,* 2 vols., New York, 1929.

（11） Schmitt, B., *The Coming of the War,* 2 vols., New York, 1930.

（12） Barnes, H.E., *World Politics in Modern Civilization,* New York, 1930, pp. 42–44.

（13） Gooch, G. P., *Recent Revelations of European Diplomacy,* 4 th ed., London, 1940.

（14） Gooch, G. P., *Before the War,* 2 vols., London, 1938.

（15） Gooch, G. P., *Recent Revelations of European Diplomacy,* p. 465.

(16) Albertini, L., *Le Origini della Guerra Mondiale*. 3 vol., Milano. 1942–43.

(17) Albertini, L., *The Origins of the War of 1914*, 3 vols., Oxford, 1953–57.
Tuchman, B., *The Guns of August*, 1962.（タックマン『八月の砲声』山室まりや訳、上・下、筑摩書房、一九六五年）。

(18) Ritter, G., *Der Erste Weltkrieg : Studien zum deutschen Geschichtsbild*, Bonn, 1964, S. 18–19.

(19) 鹿島守之助『世界大戦原因の研究』岩波書店、一九三四年、第五版、鹿島研究所出版会、一九六三年。
内藤智秀『世界大戦と日本』（岩波講座『日本歴史』）、一九三四年。
神川彦松『世界大戦原因論』岩波書店、一九四〇年。
京口元吉『第一次世界大戦前後』白揚社、一九四四年。
大村作次郎『近世国際関係史論集』三省堂、一九四四年。
江口朴郎・高橋幸八郎・林健太郎『国際関係の史的分析』御茶の水書房、一九四九年。

(20) Taylor, A. J. P., *Englishmen and Others*, London, 1956, p. 83.（テイラー『ヨーロッパ　栄光と凋落』川端末人・岡俊孝訳、未来社、一九七五年、二一〇ページ）。
河合秀和「第一次世界大戦とイギリス国家構造——戦争目的を焦点として——」『思想』四八〇、一九六四年六月、一五六—七ページ）。

(21) 川田侃『国際関係論』東京大学出版会、一九五八年、二二一ページ。

(22) Earle, E. M., *Turkey, the Great Powers, and the Bagdad Railway : A Study in Imperialism*,

New York, 1923.

(23) Nearing, S.and Freeman, J., *Dollar Diplomacy : A Study in American Imperialism,* New York, 1925.

(24) Moon, P. T., *Imperialism and World Politics,* New York, 1926.

(25) Dehio, L., *Deutschland und die Weltpolitik in 20. Jahrhundert,* München, 1955, S. 37 f.

中山治一『政治史の課題』弘文堂、一九四二年、一〇四―五ページ。

岸田達也「一九世紀を中心とするドイツ史学」田中美知太郎編集『哲学大系・四・歴史哲学』人文書院、一九六三年。

(26) Ibbeken, R., *Das außenpolitische Problem : Staat und Wirtschaft in der deutschen Reichspolitik 1914,* Schleswig, 1928.

(27) Kehr, E., *Schlachtflottenbau und Parteipolitik, 1894–1901,* Berlin, 1930.

Kehr, E., Der Primat der Innenpolitik, *Gesammelte Aufsätze zur preußisch-deutschen Sozialgeschi-chte im 19. u. 20. Jahrhundert,* Hrsg. u. eingeleitet von H.-U. Wehler, Berlin, 1965.

(28) Hallgarten, G. W. F., *Vorkriegsimperialismus,* Paris, 1935.

(29) Barnes, H.E., *World Politics in Modern Civilization,* New York, 1930.

(30) Feis, H., *Europe : the World's Banker, 1870–1914,* New Haven, 1930.

(31) Langer, W. L., *The Diplomacy of Imperialism, 1890–1902,* New York, 1951.

(32) Hallgarten, G. W. F., *Imperialismus vor 1914,* 2 Bde., München, 1951.

(33) Sweezy, P. M., *The Present as History*, New York, 1953, p. 93 ff.（スウィージー『歴史としての現代』都留重人監訳、岩波書店、一九五四年、一一二ページ以下）。

(34) Jerusalimski, A. S., George W. F. Hallgarten und seine Darstellung der Außenpolitik des deutschen Imperialismus, *Zeitschrift für Geschichtswissenschaft*, Bd. X., H. 4, 1963.

(35) Hallgarten, G. W. F., *Imperialismus vor 1914 : die soziologischen Grundlagen der Außenpolitik der europäischen Großmächte vor dem ersten Weltkrieg*, 2 Bde., 2 te Aufl., München, 1963–64.

(36) Sweezy, P. M., *op. cit.*, pp. 96–97.（スウィージー『歴史としての現代』一一五―一六ページ）。

(37) Heffter, H., Vom Primat der Außenpolitik, *Historische Zeitschrift*, Bd. 171, 1951.

(38) Jerusalimski, A.S., *op. cit.*, S. 855.

(39) Hallgarten, G. W. F., *op. cit.*, I, S. 488.

(40) Ibid., S. 1–12.

(41) Jerusalimski, A.S., *op. cit.*, S. 858–860.

(42) A. J. P. Taylor's Book Review, *English Historical Review*, Vol. LXVII, No. 246, July 1952, p. 424 ff.

(43) Hallgarten, G. W. F., *op. cit.*, II, S. 129–133.

(44) Jerusalimski, A. S., *op. cit.*, S. 868.

(45) 中山治一「タンジール事件の『社会学的』説明――G・ホールガーテン批判――」英修道・入江啓四郎監修『中東アフリカの国際関係の推移』巌南堂書店、一九六七年。

(46) Jerusalimski, A. S., *op. cit.*, S. 867.
(47) Sweezy, P. M., *op. cit.*, p. 102. (スウィージー『歴史としての現代』一二二ページ)。
(48) Ibid., pp. 97–98. (同上書、一一七ページ)。

❖第二次世界大戦後の研究動向

第二次大戦の深刻な体験は第一次大戦史研究にも新しい影響をあたえた。今日の研究を支える問題意識を最もよく表現しているのは、イギリスの歴史家テイラーの研究である。テイラーは、『第二次世界大戦の起源』(一九六二)第一章のなかで第一次大戦史研究の現状に言及し、これまでの研究では大戦原因論のみに関心が集中し、大戦中の国際政治や終戦処理の経緯についての研究がほとんど空白であることを指摘している。[1] この指摘は、これまで未開拓のままに放置されていたこれらの領域を第二次大戦史の起源として考察すべき必要を主張したものである。[2]

テイラーは、数多い著作の一つ『ヨーロッパにおける覇権闘争、一八四八—一九一八年』(一九五四)の序章のなかで、第一次大戦をつぎのように位置づけている。[3] 彼は革命の年一八四八年以来一九一八年の大戦終結までの時代を、バランス-オブ-パワーの維持されたヨーロッパの最後の時代としてとらえる。第一次大戦はバランス-オブ-パワーを保持するための戦いであった。しかし、ドイツの敗北によっても、ヨーロッパのバランスは回復されなかった。大戦がヨーロッパだけに限定されていれば、ドイツが勝ったであろう。ドイツの敗北はアメリカの参戦による。ウィルソンによる国際連盟の結成やレーニンによる第三インターナショナルの組織化はバランス-オブ-パワーの時代の終末を意味する——以上が大戦の歴史的役割についてのテイラーの見方である。

テイラーによって指摘された大戦下の研究の空白領域を埋めるのに好都合な条件が生まれた。それは、ナチス政権の崩壊によって従来未公開であったドイツ政府の機密史料がことごとく利用できるようになったからである。これらの史料にもとづいて、西独の歴史学界を中心にドイツの戦争目的に関する論争が活発に展開されてきた。フリッツ=フィッシャーが発表した八九六ページにわたる大作『世界強国への道——ドイツの挑戦、一九一四—一九一八年——』[4]（一九六一）をめぐる論争がそれである。フィッシャーは新史料に拠って、大戦下ドイツの支配層が帝国主義的併合の野望をいだいていたことを強調した。この新説に対し、西独史学界の長老リッターもまた七〇七ページの大著『政治と軍事』（直訳……国家術と戦争工業）の第三巻『政治指導（国家術）の悲劇・戦時宰相としてのベートマン=ホルヴェーク』[5]（一九六四）を新たに公刊し、フィッシャーの史料操作とその読みに対する厳しい反論を実証的に展開した。[6]

アメリカ合衆国ではウィルソン研究の成果が続々と発表されているが、これもあたかもテイラーの指摘に対する応答のような観がある。リンクによって着々と体系化されているウィルソンの内政・外交に関する諸研究のほか、メイヤーのニュー＝ディプロマシー論がとりわけ脚光を浴びている。[8]ここでの最も根本的な問題は、ウィルソンの国際連盟のアイディアが第二インターナショナルの流れを汲むイギリス自由主義左派の民主的統制連合（U. D. C）と関連があるか否かの問題であるが、その点については、マルティンの『勝利なき平和』[9]（一九五八）がメイヤー理論を補足する好研究として注目される。

また、一九一七年の参戦問題についても、ビューリッヒの『ウィルソンとバランス＝オブ＝パワー』[10]（一九五五）やタックマン『ツィンマーマン電報』[11]（一九五八）やメイの『世界戦争とアメリカの孤立、一九一四―一九一七年』[12]（一九五九）が公刊されたあと、バスが『第一次世界大戦へのアメリカの参戦』[13]（一九六四）という標題の研究書を編集し、そのなかで諸説を的確にピックアップして研究史の現状を解説している。[14]さらに、ウィルソン外交については極東政策の究明も関心を集めているテーマで、エール大学にいる李田意の労作『ウィルソンの中国政策、一九一三―一九一七年』[15]（一九五二）、フィフィールドの研究『ウィルソンと極東、山東問題の外交』[16]（一九五二）やキャリーの研究『ウィルソンと極東政策、一九一三―一九二一年』[17]（一九五七）などが公刊された。そのあとウィルソンとランシングの対日政策の相違を分析したビヤースの研究『空しい努力、日米抗争終結へのロバート＝ランシングのくわだて』[18]（一九六二）が発表された。

パリ講和会議に関する研究や東欧問題を取り扱った研究書も数多くみられるが、これらのテーマはいずれも、第二次大戦後の世界情勢の激動が第一次大戦史の研究に対しても、つぎつぎと新視角を提起したことを示す諸研究の成果である。ここでは最後に、大戦下の秘密外交の研究に言及するにとどめたい。

この問題は上にみたテイラーの指摘にも明らかな未開拓領域の一つである。この問題の研究史をふりかえってみると、すでに第一次大戦末期にボリシェヴィキが帝政ロシアの外交文書の一部、とくに戦時中の秘密外交の文書を暴露したとき、[19] イギリス人シーモア＝コックスがそれらの秘密文書を編集して『秘密条約と諒解』[20]（一九一八）を公刊して以来、ベイカー編『ウィルソンと世界協定』[21]（一九二二）や、テンパリー編『パリ平和会議史』[22]（一九二〇―二四）にもそれぞれの関係文書が収録され、それらにもとづく研究がその後若干生まれていることが知られる。[23]

しかし、その全貌を解明することはもちろん不十分で、第二次大戦後の今日でも、まだその研究成果は数えるほどしかない。ゴットリープの『第一次世界戦争中の秘密外交の研究』[24]（一九五八）はその貴重な研究成果の一つであるが、本書はイタリアの参戦問題とトルコ分割に関する連合国側の秘密外交の解明のみを主題として、しかも対象となる時期もわずかに一九一四

—一五年にかぎられ、大戦後期については全然言及されていないので、標題は誇張にすぎる感をまぬがれない。その点では、ゼーマンの『ドイツとロシアにおける革命、一九一五—一九一八年』[25]（一九五八）は大戦末期までのドイツの対露秘密外交の動向を、押収文書のマイクロフィルムを利用して整理を進めた研究成果で、注目すべき作品である。

大戦末期までの連合国側の秘密外交を見とおした論文を、テイラーみずからが『戦時中の政治』[26]（一九六四）のなかの一章に発表した。これは簡単なスケッチにすぎないが、大戦中のオスマン帝国分割に関する諸条件やアルザス、ロレーヌの帰属問題などを連合国の戦争目的と関連づけて論じている。

そのあと最新の研究としてエヴァンズが『アメリカの政策とトルコの分割、一九一四—一九二四年』[27]（一九六五）を発表したが、この研究をふくめ、テイラーに対しても、さらにゴットリープに対しても同様に、われわれにとって不満な点は日本の山東問題などに関する秘密外交がほとんど視野にはいっていないことである。[28] ことに、一九一七年二月から三月にかけて保障された日本の山東領有をめぐる英仏露伊の諸国とのあいだの秘密協定は注目すべき国際問題であるが、まだ十分に解明されていない。[29] このテーマもまた、ウィルソンの対日政策や中国の参戦問題の究明とも関連する重要な研究課題の一つと考えられる。

以上の研究発達史の展望を通して、そこからみとめられる傾向を、どのように一括して考えることができるであろうか。まず、第二次大戦までの研究では、(1)伝統的な外交史研究の成果、(2)帝国主義論と関連させて進められた国際政治の研究、の二系列があり、それぞれの現段階の水準を示す研究成果として、前者にアルベルティニの研究、後者にハルガルテンの研究をあげることができる。しかし、これらの研究の関心がことごとく大戦原因論の究明に集中しているのに反して、第二次大戦後今日までの研究傾向としては、大戦そのものを対象とする研究がつぎつぎ発表され、それをめぐる論争が活発に展開されたことである。戦争目的に関するフィッシャーの研究がそのなかで最も重要であるから、つぎにフィッシャー学説の骨子を検討してみたい。

（1） Taylor, A. J. P., *The Origins of the Second World War*, London, 1961, pp. 7–17. 村瀬興雄「ドイツはかくて開戦した」『自由』六の一二、一九六四年一二月。
（2） Taylor, A. J. P., *An Illustrated History of the First World War*, London, 1963.
（3） Taylor, A. J. P., *The Struggle for Mastery in Europe, 1848–1918*, London, 1954, pp. xix-xxxvi.
（4） Fischer, F., *Griff nach der Weltmacht : Die Kriegszielpolitik des kaiserlichen Deutschland, 1914–1918*, Düsseldorf, 1961.（フィッシャー『世界強国への道――ドイツの挑戦、一九一四―一九一八年――』村瀬興雄監訳、I、岩波書店、一九七二年）。
Fischer, F., *Germany's Bid for Power*, Tr. from German, London, 1965.
西川正雄「現代史における修正主義――両大戦の解釈によせて――」『歴史教育』一二の四、

一九六四年四月。
堀米庸三編『現代歴史学入門』有斐閣、一九六五年、一四四―八ページ。

（5） Ritter, G., *Staatskunst und Kriegshandwerk*, Dritter Band : *Die Tragödie der Staatskunst, Bethmann-Hollweg als Kriegskanzler*（*1914–1917*）, München, 1964.

（6） Ritter, G., *Der Erste Weltkrieg : Studien zum deutschen Geschichtsbild*, Bonn, 1964, S. 18–25.
林健太郎「ゲルハルト・リッター教授との一時間」（同『歴史と政治』）有信堂、一九六五年。

（7） Link, A. S., *Wilson the Diplomatist : A Look at his Major Foreign Policies*, First Quadrangle Paperback Edition, Chicago, 1965, pp. xii–xvi.

（8） Mayer, A. J., *Political Origins of the New Diplomacy, 1917–1918*, New Haven, 1959.

（9） Martin, L. W., *Peace without Victory*, New Haven, 1958.

（10） Buehrig, E. H., *Woodrow Wilson and the Balance of Power*, Bloomington, 1955.

（11） Tuchman, B. W., *The Zimmermann Telegram*, New York, 1958.（タックマン『決定的瞬間』町野武訳、みすず書房、一九六八年）。

（12） May, E., *The World War and American Isolation, 1914–1917*, Cambridge, 1959.

（13） Bass, H. J., ed., *America's entry into World War I : Submarines, Sentiment, or Security ?*, New York, 1964.

（14） Leopold, R. W., The Problem of American Intervention, 1917 : An Historical Retrospect, *World Politics*, II, Apr. 1950.

Smith, D. M., National Interest and American Intervention, 1917 : An Historiographical Appraisal, *Journal of American History*, LII, No. 1, June 1965.

(15) Tien-yi Li, *Woodrow Wilson's China Policy, 1913–1917*, New York, 1952.

(16) Fifield, R. H., *Woodrow Wilson and the Far East : The Diplomacy of the Shantung Question*, New York, 1952.

(17) Curry, R.W., *Woodrow Wilson and the Far Eastern Policy, 1913–1921*, New York, 1957.

(18) Beers, B. F., *Vain Endeavour : Robert Lansing's Attempts to end the American-Japanese Rivalry*, Durham, 1962.

(19) Hoover. H., *The Ordeal of Woodrow Wilson*, New York, 1958, p. 89.

(20) Cocks, F. S., ed., *The Secret Treaties and Understandings*, London, 1918.

(21) Baker, R. S., ed., *Woodrow Wilson and World Settlement*, 3 vols., 1922, reprint, Gloucester, Mass, 1960.

(22) Temperley, H. W. V., ed., *A History of the Peace Conference of Paris*, 6 vols.,London, 1920–24.

(23) Howard, H. N., *The Partition of Turkey*. London, 1934.

江口朴郎「第一次世界大戦におけるイギリスの中東政策」、英修道・入江啓四郎監修『中東・アフリカの国際関係の推移』巌南堂、一九六七年。

(24) Gottlieb, W., *Studies in Secret Diplomacy during the World War*, London, 1953.

(25) Zeman, Z. A. B., ed., *Germany and the Revolution in Russia 1915–1918 : Decuments from the*

Archives of the German Ministry, London, 1958.

(26) Taylor, A. J. P., *Politics in Wartime*, London, 1964, pp. 93–122.

(27) Evans, L., *United States Policy and the Partition of Turkey, 1914–1924*, Baltimore, 1965.

(28) Iklé, F. W., Japanese-German Peace Negotiations during World War I, *American Historical Review*, LXXXI, No. 1, Oct. 1965.

(29) 三宅正樹「ドイツの歴史学と極東――㈠オットー・ベッカーの極東外交史論――」『人文研究』（神奈川大学）三四、一九六六年。

❖フィッシャーの学説

一九六〇年代のドイツの学界では、第一次大戦でのドイツの戦争目的についての論争が活発に展開された。これは、ハンブルク大学のフリッツ＝フィッシャーが膨大な史料を吟味して注目すべき研究成果を発表したことからひきおこされた論争である。これについて、さいわい西独の歴史家クラウス＝エプシュタインが『世界政治』（一九六二年一〇月号）に「第一次世界戦争下のドイツの戦争目的[1]」と題する論文を寄せ、大きな波紋を投げかけたフィッシャーの大著『世界強国への野望――一九一四年から一九一八年にかけての帝政ドイツの戦争目的政策――』（一九六一）[2]の内容を批判的に紹介している。そこで、以下に主としてこのエプシュタインの所論に拠りながら、フィッシャー理論の問題点を検討してみたい。

フィッシャーの研究が急に注目を浴びはじめたのは、一九五五年以来ようやく利用できるようになったドイツ政府の諸史料を駆使してまとめられた研究だという点に、まずその理由がみとめられる。実際、この研究が発表されると、これまで定評のあったフォルクマンの『世界戦争の併合問題』（一九二九）[3]などはたちまちアウト－オブ－デートになった。フィッシャーの利用した新史料とはつぎのようなものである。

一、ポツダムにある『国家文書』　これには諸官庁の文書がふくまれている。

二、東地区のメルゼブルクにある『プロイセン秘密国家文書』　これは、問題の戦争目的を明らかにするために、はじめて利用されたプロイセン政府の文書である。

三、ボンにある『外務省の政治文書』　この大部分はもとドイツ外務省文書であって、一九四六年に押収されたが、イギリスから返還されたというものである。

四、ウィーンにある『オーストリア政府文書』

五、コブレンツにある『連邦政府文書』

六、ミュンヘンやシュトゥットガルトにある『国家文書』

フィッシャーの提起した問題の一つは、一九一四年から一九一八年にかけてのドイツの政策には、帝国主義的性格が貫かれているということである。これがとくにセンセーショナルな反響を呼んだ理由は、ドイツが世界強国への道を歩んだという反独家の主張を、アカデミックな研究方法によって明らかにしたことになるからである。フィッシャーによれば、ドイツの戦争目的はイギリスやフランスとの世界的な地域にまたがる競争に勝ち残り、ヨーロッパでの覇権を掌握するとともに、それを通して世界強国としての地位を確立することにあった。そのためのドイツの併合計画は、一九一四年九月から一九一八年八月のスパでの大本営御前会議にいたるまで、一貫してくわだてられていたという。

しかも、その際フィッシャーは、ベートマン＝ホルヴェークやミハエリスやヘルトリンクら政府側のいわゆるシビリアンたちが、モルトケやファルケンハインやルーデンドルフら軍部の代表者たちにおとらず、侵略的併合計画を立てていたと強調する。一九一四年九月九日のベートマンの覚書（戦争目的綱領）から、ベートマンの真意が併合主義にあったことを確認できるという。政府も軍部も戦争目的は一致しており、その間に何らの区別はない。ベートマンはポーランド人やユダヤ人の追放をさえ、考えていた。このような事実を強調することによって、フィッシャーは、これらシビリアンをもふくむドイツの支配勢力のすべてがドイツを世界強国に仕立てあげる計画の遂行につとめたという点を指摘するとともに、それに反して、反併合主義者の勢力は劣勢であって、わずかに社会主義者の一部にそれがみられたに過ぎなかったことを示そうとしている。しかも、この問題について、最後にフィッシャーは、ベートマンが極端な併合主義に抵抗したのは単にタクティックの理由からに過ぎないのであり、ルーデンドルフや汎ゲルマン主義者とは目的の上ではなく、併合要求の程度や形式や方法の上で相違があっただけだと考えているのである。

しかし、エプシュタインはこのようなフィッシャーのベートマン論に賛成しない。彼はベートマンをルーデンドルフのような併合主義者ではないと論じ、その一例としてつぎのようにいう。すなわち、ベートマンは、一九一七年五月一日の覚書のなかで、軍部の唱える極端に併合主義的な戦争目的から訣別すべき決意を述べている。彼は、ロシアに革命が起こったのちは、併合が民族自決に反するので、寛大な講和条件でのぞみ、東欧の解放民族がドイツと自発的に協働できるようにという配慮をもっていた、と。

では何故フィッシャーはベートマンとルーデンドルフとの区別をみとめないのか。それは、初期のドイツの戦勝に心酔して作成したベートマンの一九一四年九月の併合計画を、一貫した戦争目的と信じていることからの誤解である。ベートマンのような、決断力のにぶい周囲の意見に支配されがちな人物から、政策上の一貫性や恒常性を求めることはできない。たしかに、ベートマンは、フィッシャーが重視するように、しばしば右翼政治家や軍部に迎合した併合主義の声明を出した。しかし、その反面で、ベートマンは社会主義者の要望にもそった穏やかな声明を出しているが、その事実をフィッシャーは無視している。これは、マキァヴェリズムでなく、彼の性格の弱さによるものと考えるべきである。それにもかかわらず、フィッシャーの創造したベートマンのイメージは、マルヌの敗戦前にくわだてられた侵略計画を大戦中一貫した政策としてとらえ、それにふさわしい史料のみを裏づけて作りあげた立論というほかない、とエプシュタインは論難している。

シュレジエンをねらったフリードリヒ大王の戦いやオーストリアを目標とした一八六六年のビスマルクの戦争のように、明確な目的意識をもって始められた戦争もある。しかし、一九一四年の戦争はそのような種類の戦争ではない。戦争の犠牲に対する償いの要求は、戦争の始まったあとで生まれてきた。要するに、第一次大戦のドイツには特定の戦争目的はなく、ただ漠然とした一般的な拡張要求があったという主張がエプシュタインの反論の中心だといえる。

フィッシャー理論の第二の特徴には、連続性の認識についての重視がみられる。その主張はつぎのようである。一九一一年以来ドイツの支配階級は戦争を求めていたという。そのために、フィッシャーは一九一四年以前のドイツを戦争へのコースの必然的過程という観点から説明する。したがって、この見方は、これまでドイツの開戦責任を追求してきたルヌーヴァン[4]やシュミット[5]ら非ドイツ系の学者の観点と一致し、ヴェーゲラー[6]やフェイ[7]らのドイツ弁護論と対決する見解といえる。

しかも、フィッシャーがドイツの開戦外交をむしろ政府側のシビリアンによって推進されたもので、軍部の圧力によるものでないことを明らかにした点は、すぐれた研究の成果だといってよい。[8] そして、戦争の遂行に当たって、政府も軍部も全く差異のないことを強調していることはすでに指摘した通りであるが、この主張は、ヴァイマル時代のシュトレーゼマンやゼークトの政策を連続面からとらえようとするフィッシャーの基本的な論理として発展する。しかも、このヨーロッパ覇権の樹立から世界強国への飛躍という企図は第一次大戦の戦争目的であっただけでなく、第二次大戦にも一貫して継承されているというのである。

しかし、この点にもエプシュタインは批判的であって、つぎのように反論する。なるほど、フィッシャーの唱えるように、二つの世界大戦を比較して類似性を指摘することは容易である。しかし、フィッシャー理論の主張にもかかわらず、ベートマンは偶然第一次大戦に直面したのであり、またテイラー理論[9]の主張にもかかわらず、ヒトラーは明白な目的意識をもって第二次大戦を開始した。この判然とした区別を率直に承認することが必要である、と。

フィッシャー理論の第三の問題としては、ドイツが勝利の手段として、敵国内での国民革命や社会革命の促進を工作したという事実を明らかにした点が注目される。ドイツは、フィン人、エストニア人、ラトヴィア人、リトアニア人、ポーランド人、ユダヤ人、ウクライナ人やグルジア人などに働きかけて、ロシアからの分離を画策したり、また、ペルシアやインドやエジプトやその他の北アフリカなどで策動して、英仏の植民地支配を動揺させようとしたというような事実がそれである。

最後にフィッシャー理論に対する批判として、エプシュタインはつぎの点を論じている。その第一は、彼があまりにも公文書に頼りすぎ、メモワール類の利用に考慮を払っていないことである。第二は、問題作であるアメリカのアーネスト＝メイ[10]やメイヤー[11]の研究で行われているような数か国にまたがってアプローチするといった研究方法を採用しないで、どこまでも伝統的な一国単位の研究方法に拠っているために、史料もドイツのものだけを活用し、英仏のそれらを利用していないということである。

しかし、このような不満はあっても、フィッシャーの視野が狭いなどとは、むろん、いえない。『ドイツ人の思想と行動における中欧』の著者ヘンリー＝コード＝マイヤー[12]や『ドイツの西方進出』の著者ハンス＝ガツケ[13]のように、特殊な部分だけをとりあげることをしないで、ドイツの政策を包括的にとらえようとしているからである。また、時間的にもフォルクマンのように一九一六〜一八年だけに集中しないで、バランスをとって時代の全体を見とおしているのは適切である。

ともあれ、フィッシャーの研究は膨大な新史料を駆使して大胆な解釈を提示したという点で重要な研究成果である。多くの異論を提出したエプシュタインさえもこの研究を、ローゼンベルク[14]の研究以来の大作として高く評価しているが、その反面で、ドイツの政策をあまりにも合理的なものとして解釈するフィッシャー理論に問題がなお多く残されていることをもみのがすことができない。一九一四年以前のドイツの政策、一九一四年の七月危機、政府と軍部との関係、ベートマン゠ホルヴェーク論――これらはいずれもまだ検討の余地が残されている。また、一九一四年と一九三九年の連続性の問題の検討も重大な問題であり、その解答は今後の精密な研究にまたねばならない。以上のようにエプシュタインは論じたあと、しかし、ともかくも、このような見方が提出されたということは、ヴァイマル時代の歴史家のようにドイツの無罪論を論証することに急であったころには全くおよびもつかなかった発想だと結んでいる。

以上、エプシュタインの論文を通して、フィッシャー理論の提出した問題の大要を知ることができた。西独の歴史家フィッシャーの立場はドイツ史学のアカデミズムの伝統から生まれた理論だと察せられるが、これに対して、エプシュタインをはじめとする西方の歴史家の反論[15]がきびしいのに反して、フリッツ゠クライン[16]に代表される東独の歴史家やさらにソ連の歴史家がフィッシャー理論を歓迎していることは、この学説の主張にマルクス主義史学の基本的な観点と一致する側面のあることが知られて興味深い。何はともあれ、今後のわれわれの研究には、フィッシャー理論に対する厳密な検討とドイツの戦争目的の実態をもっと具体的に理解を深めることが必要と考えられる。

（1） Epstein, K., German War Aims in the First World War, *World Politics*, XV, No. 1, Oct. 1962.
（2） Fischer, F., Griff nach der Weltmacht : *Die Kriegszielpolitik des kaiserlichen Deutschland*,

1914–1918, Düsseldorf, 1961.

(3) Volkmann, E. O., *Die Annexionsfrage des Weltkrieges,* Berlin, 1929.

(4) Renouvin, P., *Les Origines Immédiates de la Guerre,* 1925.

(5) Schmitt, B. E., *The Coming of the War, 1914,* New York, 1930.

(6) Wegerer, A. v., *Die Widerlegung der Versailler Kriegsschuldthese,* 1928. ——, *Der entscheidende Schritt in den Weltkrieg,* 1931.

(7) Fay, S. B., *The Origins of the World War,* New York, 1929.

(8) しかし、この見解は、軍部が開戦を好まないベートマンらを強制的に戦争にまき込んだというアメリカ合衆国の歴史家ゴードン＝クレイグ Gordon Craig らの通説に反する。Craig, G., *The Politics of the Prussian Army 1640–1945,* London, 1955.

(9) Taylor, A. J. P., *The Origins of the Second World War,* London, 1961, pp. 8–9. 著者は二つの世界大戦の研究を比較して、第一次大戦については主要な関心が原因論に集中したのに反して、第二次大戦の場合は、戦後の国際政治の展開との関連から大戦中の連合国相互の関係に対する解明に集中しているという相違点を指摘するとともに、原因論に対する関心は、ヒトラーの侵略という自明の前提ともいうべき見方に支えられて稀薄だと論じている。

(10) May, E., *The World War and American Isolation, 1914–1917,* Cambridge, Mass, 1959.

(11) Mayer, A., *Political Origins of the New Diplomacy, 1917–1918,* New Haven, 1959.

(12) Meyer, H. G., *Mitteleuropa in German Thought and Action, 1815–1945,* The Hargue, 1955.

（西川正雄氏の紹介がある。『史学雑誌』六八の六、一九五九年）。
（13）Gatzke, H., *Germany's Drive to the West*, Baltimore, 1955.
（14）Rosenberg, A., *Die Entstehung der deutschen Republik, 1871-1918*, Berlin, 1928.（ローゼンベルク『ヴァイマル共和国成立史』足利末男訳、みすず書房、一九六九年）。
（15）Herzfeld, H., Die deutsche Kriegspolitik im ersten Weltkrieg, *Vierteljahrshefte für Zeitgeschichte*, XI, 3. Heft, 1963.
（16）Klein, F., Die westdeutsche Geschichtsschreibung über die Ziele des deutschen Imperialismus im Weltkrieg, *Zeitschrift für Geschichtswissenschaft*, X, 8 Heft, 1962.

❖日本での第一次世界大戦史研究

これに対して、日本での第一次大戦の研究史を整理することは意義があるが、その数はおびただしいので、個別に検討することはとてもできない。海外の学界の研究動向についてはさらに別稿でやや詳細に論じたこともあるので[1]、ここでは、日本での諸研究のなかから、とくに筆者の関心をいだく成果のみに限定し、その研究傾向と問題点を考えてみたい。

一等史料にもとづく本格的な研究が始まるのは、もちろん第一次大戦後のことであった。一九二〇年代には、主要な交戦国は開戦責任を他国に求めることをめざし、国家事業として、第一次大戦前史に関する膨大な機密文書を続々と公開した。これらの一等史料を駆使して日本でも、西洋史家や外交史家が数多くの研究成果を発表した。[2]

これらの諸業績は主として外交文書を利用して解明を進めた伝統的な外交史研究の方法にもとづく研究の成果である。概して日本はドイツ中心の研究という傾向のみられることは否定できないが、しかし、ヨーロッパ諸国の学界にみられたような「戦争責任論争」にあまりとらわれない公平な研究態度を保持したといえる。そのなかでも日本の研究者に最も関心の集中した研究テーマは英独関係についてであり、とくに大戦への分れ道がどこにあったかを究明するため、一九世紀末二〇世紀初頭に展開された英独同盟交渉の実態の解明をめざした研究の数多いことが知られる。このテーマについての研究は江口朴郎氏のすぐれた論文によって着手されて以来、諸家の研究が生まれたが、[3]この問題の研究水準は一九五六年に発表された中山治一氏の論文[4]から知ることができる。

（1）桜井敏照・藤村道生・山沢啓造・義井博・渡辺正幸「第一次世界大戦史研究の現動向」日本国際政治学会編『日本外交史研究――第一次世界大戦――』有斐閣、一九六三年。

（2）坪井九馬三『最近政治外交史』四巻、一九二七年。斎藤清太郎「ビョルケの密約」『史学雑誌』三八の二、一九二七年。信夫淳平『外交側面史談』一九二七年。同『明治秘話・二大外交の真相』一九二八年。同『近世外交史』一九三〇年。

中屋健一「ポーツマス会議招集に関する米国の外交」『歴史学研究』二の六、一九三〇年。同「米西戦争に於ける独逸の態度——特にフィリッピン問題に就いて——」『歴史学研究』三の六、一九三五年。

山脇重雄「大戦前に於ける英独海軍交渉前史の一節」㈠・㈡『歴史学研究』六の一〇・一一、一九三六年。同「ティルピッツの Risikogedanke に寄せて——イギリスの外交とその海軍力との関係について——」『政治と思想』一九四一年。

田中直吉『帝政独逸外交史論』一九四〇年。

岩間徹『露国極東政策とウィッテ』一九四一年。

中村英勝「二〇世紀初頭に於ける英独関係の転換と英米両国の与論」㈠・㈡『歴史学研究』九一・九二、一九四一年。

今津晃「米西戦争とマッキンレー——アメリカ帝国主義政策把握への道——」『西洋史説苑』昭和一七年度版、一九四四年。

立作太郎『立博士外交史論文集』一九四六年。

(3) 江口朴郎「一九〇一年の英独同盟問題」『史学雑誌』四四の一二、一九三三年。同『帝国主義時代の研究』岩波書店、一九七五年、再録。

黒羽茂『日英同盟の研究』東北教育図書、一九六八年。

細谷千博「一八九八年の英独同盟問題」『国際法外交雑誌』五〇の三・五、一九五一年。

(4) 中山治一「一九〇一年における英独関係の転換」『西洋史学』二九、一九五六年。

第二次大戦後、社会経済史研究が日本の学界を風靡するとともに、国際関係史の研究者の数は飛躍的な増加をみとめることはできないが、このような風潮のなかにあって、この研究領域にも着実な研究成果が生まれていた。戦後の研究の特徴の第一は、これまでの古いスタイルの外交史研究に留まることを好まず、政治現象と社会経済現象とを総合した帝国主義外交の角逐をとらえようとする研究方法が開発され、それにもとづく研究業績が相ついで発表されていることである。(1)これらの諸成果は『一九一四年以前の帝国主義』を発表したハルガルテンの研究が大きな刺激をあたえたことは疑いない。

日本での西洋史研究は明治以来西洋の思想や文化の輸入紹介者としての存在理由があたえられていたが、第二次大戦後はそれだけの使命ではあきたらず、外国の研究者が研究する場合に困難だが、日本の研究者にはむしろ有利な研究領域をみいだし、そこから日本での研究の独自性を確立しようとする問題意識が生まれてきている。欧米の国際政治の動向を極東問題と関連づけて考察するという研究視角がその一つの重要な実例であり、この点に研究の第二に指摘すべき傾向がみとめられる。この問題意識は、江口朴郎氏の研究(2)につとにうかがわれるが、この視角を一つの問題意識として、個別のテーマを実証的に研究しつつ、第一次大戦前史の研究に独自の体系を樹立したのは中山治一氏の一連の研究である。(3)

第三に指摘すべき研究の傾向は、戦前の外交史研究で定説化されていた歴史像を実証的に修正する着実な研究成果が生まれていることである。この方面では、まずビスマルクの失脚と世界政策への転換というドイツ史の問題についての定説に対する批判的研究が生まれている。[4] この点に関しては、これまでドイツの戦争責任と関連して論じられ、ビスマルク時代を「平和政策」の時代としてとらえるとともに、いっさいの責任を一八九〇年のビスマルク失脚後のヴィルヘルム二世の親政時代に転嫁する見方が定説となっていた。これに対する戦後の研究では、ヴィルヘルム二世の「新航路」を直ちに世界政策と結びつけて考察することは誤りであると結論づけた微細な研究の成果が示されている。また、注目すべきはフランスの外務省文書の利用による研究の前進である。フランスの大戦前史の外交文書集の刊行事業は第二次大戦後の一九五九年にようやく完結した。そこで、これまで主としてイギリスとドイツの外交文書を利用して進められてきた研究の視角とは異なったフランス側の視点から大戦前史を再検討しうる条件が完備したといってよい。[5] さらに、最近イタリアの外交文書集も刊行されているので、これに既刊のロシアの外交文書集を活用すると、これまでに構築された定説の修正される領域も種々発見されるのではなかろうか。[6]

以上に展望した研究動向から知られるように、これまでの研究は海外の学界の傾向と同様に、主として大戦前史の研究に関心が集中していたが、一九六〇年代の第一次大戦史研究は大戦そのものを究明するための問題提起が行われ、それをめぐる論争が活発にかわされている。これが第四の問題であり、その点をつぎに明らかにする必要がある。

（1）『江口朴郎著作集』第2巻、現代史の起点、青木書店、一九七五年。
岡部健彦「Lombardverbot の成立とビスマルク的国際体制」『史林』三六の三、一九五三年。

同「〝新航路〟の通商政策」『西洋史学』二三、一九五四年。

大野英二『ドイツ金融資本成立史論』有斐閣、一九六二年。

高橋章「タフトのドル外交について」『西洋史学』六一、一九六四年。同「アメリカ帝国主義の特質に関する一考察——一九世紀末アメリカの海外膨脹をめぐって——」『人文研究』（大阪市立大学）一九の八、一九六六年。同「十九世紀末スペイン植民地の独立戦争とアメリカ帝国主義」『人文研究』二〇の九、一九六八年。同「チャールズ・A・コナントの帝国主義論」『人文研究』二三の一〇、一九七二年。

市川承八郎「エジプトにおける英仏二元間接統治の確立（一八七九年）」『研究』（神戸大学）三八、一九六六年。同「ジェイムソン侵入事件とラント金山二大会社」『史林』五三の二、一九七〇年。同「帝国植民省とジェイムソン侵入事件」『史林』五四の一、一九七一年。同「南アフリカ戦争への危機の累積」『神戸大学文学部紀要』1、一九七二年。

（2）江口朴郎『帝国主義と民族』東京大学出版会、一九五四年。

（3）中山治一「三国干渉と英独関係」『史林』三三の一、一九四八年。同「日清戦争と帝政ドイツの極東政策」『名古屋大学文学部研究論集』二、一九五二年。同「揚子江協定成立前後の英独関係」同上書、八、一九五三年。同「〝外交革命〟におけるフランスの積極的役割——国際政治と金融資本の問題――」同上書、一四、一九五六年。同「イギリスの〝名誉ある孤立〟の放棄の時期について」同上書、一七、一九五七年。

中山治一編『日露戦争以後』創元社、一九五七年。

信夫清三郎・中山治一編『日露戦争史の研究』河出書房新社、一九五九年。
（4）中山治一「露独再保障条約の不更新とドイツの政策転換の問題」『西洋史学』九、一九五一年。
林健太郎「ビスマルクの失脚をめぐる諸問題」『史学雑誌』六七の二、一九五八年。

岡部健彦「ビスマルク以後――ドイツ世界政策への前奏――」『大阪大学文学部紀要』第一七巻、一九七二年。

山田義顕「ウィルヘルム二世時代の艦隊政策――第一次艦隊法の成立にいたるまで――」『西洋史学』九五、一九七四年。
（5）横山信『近代フランス外交史序説』東京大学出版会、一九六三年。
（6）中山治一「イタリア外交文書集の刊行について」『イタリア学会誌』五、一九五六年。
三宅正樹「ロシア外務省外交文書集とポクロフスキー――独訳版と邦語版をめぐる考察――」『人文学研究所報』（神奈川大学）五、一九七一年。

今日のイギリス史学を代表する最もすぐれた歴史家のひとりであるテイラーは『第二次世界戦争の起源』のなかで第一次大戦史研究の現状に言及し、これまでの研究は大戦の原因論のみに関心が集中し大戦中の国際政治の変動についての研究が立ちおくれていることを衝いたことは、すでに指摘したとおりである。

日本での研究も、たしかに海外でのこのような研究の状況を反映し、大戦下の問題の究明は大戦前史にくらべると手薄になっているが、しかし、研究成果は絶無というわけではむろんない。たとえば、戦前から、海外の研究書や政治家・軍人などの回想録の翻訳、酒井鎬次氏の著書に代表されるような軍人の研究や外交官であった芦田均氏の研究、あるいは、村川堅固氏[3]・田村幸策氏[4]・山脇重雄氏[5]・原種行氏[6]・江口朴郎氏[7]らの研究などが数多く生まれている。さらに戦後になると、大戦下のイギリスの動向、[8]対華二一カ条要求、[9]アメリカや中国の参戦問題、[11]西原借款、[12]石井・ランシング協定、[13]ロシア革命、[14]シベリア出兵、[15]ドイツ革命、[16]パリ平和会議をめぐる諸問題、[17]オスマン帝国の解放問題[18]などについて、かなりの数の研究が発表されている。そこで、大戦中の問題についてもかならずしも研究が無視されているわけではないが、しかし、何といっても、一九一七年の革命までの外交文書を公刊したソ連を除き、ヨーロッパの諸国は外交文書を一九一四年の開戦までしか公開しなかったので、その点から考えても、大戦中の諸問題に対する研究の立ちおくれていることは、すぐうなずけるであろう。

だが、大戦下の研究の空白領域を埋めるのに好都合な事情がととのってきた。ナチス政権の崩壊の際に押収された未公開のドイツ政府の機密文書が利用できるようになってきたからである。これらの史料を駆使して、西独のフリッツ＝フィッシャーの公刊した大作をめぐるドイツの戦争目的に関する論争の詳細は村瀬興雄《おきお》氏や中井晶夫氏によって克明に紹介されている。[19]この新史料の利用によって、ほとんど知られていなかった日本の秘密外交の一端も暴露された。それは、大戦下のストックホルムで内田定槌公使がひそかにドイツ側の単独講和の打診に応えていたという事実である。この問題については、早島瑛《あきら》氏や三宅正樹氏がその実態の究明に努めており[20]、アメリカの日独関係の研究者アイクレも注目している[21]。

(1) 酒井鎬次『戦争指導の実際』一九四一年。海軍大学研究部編(馬渡重和稿)『文権と武権——世界大戦に於ける戦争指導——』一九三七年。新見政一「第一次世界大戦における英独の戦争指導」『海幹校評論』七の一〜六、一九六九年。
(2) 芦田均『最近世界外交史』三巻、一九三四年。
(3) 村川堅固『米国と世界大戦』一九二一年。
(4) 田村幸策『最近支那外交史』二巻、一九三九年。
(5) 山脇重雄「ティルピッツの大艦隊思想」『文化』(東北大学)八の六・七、一九三四年。同「世界大戦に於けるタンネンベルク戦の意義」『西洋史研究』(東北大学)一二・一三・一四、一九三七—三九年。
(6) 原種行「ドイツのマルヌ敗戦とヘンチ中佐派遣の問題」『史学雑誌』四六の三・四、一九三五年。同「マルヌ会戦中のヘンチ中佐派遣の際に於ける(Sonderverträg)の仮説に就いて」

『史学雑誌』四五の一、一九三四年。
(7) 江口朴郎「支那の大戦参加を繞る国際関係」『歴史学研究』九の一〇、一九三九年。
(8) 河合秀和「第一次世界大戦とイギリス国家構造」『思想』四八〇、一九六四年。
(9) 細谷千博「二一ヵ条要求とアメリカの対応」『一橋論叢』四三の一、一九六〇年。
三宅正樹「二十一箇条要求をめぐる日露関係」『歴史教育』一六の三、一九六八年。
(10) 義井博「第一次大戦の参戦をめぐるアメリカ外交――ウィルソンの極東政策との関連――」日本国際政治学会編『日米関係の展開』有斐閣、一九六一年。
島岡宏「ウィルソンの外交」『歴史教育』一六の三、一九六八年。
(11) 臼井勝美「中国の大戦参加と日本の立場」『歴史教育』八の二、一九六〇年。
安藤敬之助「中国の第一次大戦参戦をめぐる日米関係」『歴史教育』一六の三、一九六八年。
(12) 波多野善大「西原借款の基本的構想」『名古屋大学文学部十周年記念論集』一九五四年。
(13) 岡部広治「ランシング・石井協定の意義」『歴史学研究』一七五、一九五四年。
ビアース・入江昭「ランシングの対日政策」前掲『日米関係の展開』所収。
(14) 和田春樹「第一次世界大戦とロシア革命」『思想』四九四、一九六五年。
江口朴郎編『ロシア革命の研究』中央公論社、一九六八年。
菊池昌典『ロシア革命』中公新書、一九六七年。
信夫清三郎『大正政治史』一九五四年、再版、勁草書房、一九六八年。
(15) 細谷千博『シベリア出兵の史的研究』有斐閣、一九五五年。同「シベリア出兵をめぐる日米関係」前掲『日米関係の展開』所収。
(16) 篠原一『ドイツ革命史序説』岩波書店、一九五六年。
(17) 小林竜夫「パリ平和会議と日本の外交」神川先生還暦記念『近代日本外交史の研究』有斐閣、一九五六年。
斉藤孝「パリ講和会議と日本」日本国際政治学会編『日本外交史研究――大正時代――』有斐閣、一九五八年。

野田宣雄「ドイツ議会主義運動と講和問題」『西洋史学』六〇、一九六三年。

村島滋「最高軍事会議の動向」『軍事史学』四の二、一九六八年。

森瀬晃吉「パリ平和会議とフランスの安全保障問題」同上書、収録。

フロイト・ブリット『ウッドロー・ウィルソン』岸田秀訳、紀伊国屋書店、一九六九年。

進藤栄一『現代アメリカ外交序説』創文社、一九七四年。

志邨晃佑『ウィルソン』清水書院、一九七四年。

草間秀三郎『ウッドロー・ウィルソンの研究』風間書房、一九七四年。
(18) 鈴木正四『祖国の解放』岩波新書、一九五二年。
(19) ガイス「第一次世界大戦におけるドイツの戦争目的――フィッシャー論争と西ドイツ歴史学界――」鹿毛達雄・三宅立訳、上・下『思想』五〇三、五〇四、一九六六年。
村瀬興雄「ナチズム研究の最近の動向」『日本政治学会年報』岩波書店、一九六五年。同「ドイツ現代史研究の問題点」『思想』五〇六、一九六六年。同「ナチズムの諸問題――フィッシャー論争を中心に――」『思想』五四一、一九六九年。同「ドイツ現代史における連続性の問題」『成蹊法学』3、一九七二年。同「リーツラー日記をめぐって――エールトマンとガイス」『成蹊法学』5、一九七三年。

中井晶夫「第一次世界大戦とドイツ――ドイツの戦争目的政策をめぐる論争――」『ソフィア』（上智大学）一四の三、一九六五年。

(20) 三宅正樹「第一次世界大戦における独露単独講和問題と日本」『歴史教育』一五の二、一九六七年。

(21) 義井博「第一次世界大戦中の山東および南洋諸島に関する日本の秘密協定についての一考察」『軍事史学』六、一九六六年。

以上の概観から明らかなように、第一次大戦史の研究は海外での研究の動向を反映し、日本でも戦前では主として大戦原因論に関心が集中し、大戦前史の研究がさかんであったのに反して、一九六〇年代以後は、大戦下の諸問題に対する研究が活発になっていることが知られる。海外での最新の研究は中山治一氏[1]や三宅正樹氏[2]の著書、ならびに、岩波講座『世界歴史』に収録されている諸論文[3]を通して摂取することができる。

それとともに、研究の方法も深化を示し、これまでの単なる外交史や軍事史の枠を越え、今日では、政治・経済・社会の諸現象と関連づけ、これらを総合的に把握しうる国際関係史研究の新しい方法論の樹立をめざす努力が続けられていることをも知らねばならない。この問題に対する一つの示唆がハルガルテンの理論であり、とくに彼の提唱する「社会学的基礎」という独特の方法論的な説明がその意味で注目されるが、しかし、この理論の批判的摂取とその限界の克服が今日の研究の課題の一つである。(4)

第一次大戦五〇年後という明確な意識のもとで大戦をふりかえったアメリカ人の見方は、短篇ながらジョージ＝ケナンの論文からうかがわれ、(5)参考になる。本稿は極めて簡単なビブリオグラフィであるから、そのほかの重要な研究の脱落しているものが多々あることかとおそれている。その点を補うために、最後に、最新の研究動向や史料解説を目的にしたすぐれた研究の案内書が刊行されていることをつけ加えておきたい。(6)

（1）中山治一・猪木正道編『世界歴史』七、現代の世界、人文書院、一九六五年。中山治一『帝国主義の開幕』世界の歴史、21、河出書房、一九七〇年。同『帝国主義の展開』新書西洋史、7、講談社、一九七三年。

（2）林健太郎・堀米庸三編『世界の戦史』九、第一次世界大戦、人物往来社、一九六七年。義井博「第一次大戦史研究の新動向――三宅正樹氏の論文第一次大戦に寄せて――」『外交時報』一〇三九、一九六七年。三宅正樹「ドイツの歴史学と極東――(二)第一次世界大戦をめぐるヘルツレの研究――」『人文研究』（神奈川大学）三六、一九六七年。

（3）岩波講座『世界歴史』第二〇・二一・二二・二三・二四巻、岩波書店、一九六九―七一年。

（4）ドイツ現代史研究会「ドイツ帝国主義史研究によせて――ハルガルテンの研究に即して――」『歴史学研究』三〇七、一九六五年。

ハルガルテン『帝国主義と現代』西川正雄・富永幸生・鹿毛達雄編訳、未来社、一九六七年。

同『帝国主義の運命』熊谷一男・酒井晨史訳、法政大学出版局、一九七三年。

西川正雄「G・W・F・ハルガルテン博士を偲ぶ」『図書』一一月号（岩波書店）、一九七五年。

長沼宗昭「社会史と社会的帝国主義論――H・U・ヴェーラーの所論について――」『歴史評論』三〇六、一九七五年。

（5）ケナン『アメリカ外交の基本問題』岩波書店、一九六五年。

（6）Gunzenhäuser, M., *Die Bibliographien zur Geschichte des Ersten Weltkrieges*: Literaturbericht und Bibliographie, Frankfurt/M., 1964.

前川貞次郎編『入門西洋史学』ミネルヴァ書房、一九六五年。

井上幸治・林健太郎編『西洋史研究入門』新版、東京大学出版会、一九六六年。

本書刊行後に著者の入手した本テーマに関する研究文献を以下に列挙しておく。

江口朴郎『帝国主義時代の研究』岩波書店、一九七五年。

林健太郎『プロイセン-ドイツ史研究』東京大学出版会、一九七七年。

尾鍋輝彦『二十世紀』全16巻、中央公論社、一九七七～八四年。

木谷勤『ドイツ第二帝制史研究』青木書店、一九七七年。

岡部健彦『世界の歴史20　二つの世界大戦』講談社、一九七八年。

富永幸生『独ソ関係の史的分析、一九一七—一九二五』岩波書店、一九七九年。

野田宣雄編『一九世紀のヨーロッパ』有斐閣、一九八〇年。

望田幸男・三宅正樹編『概説ドイツ史』有斐閣、一九八二年。

望田幸男『軍服を着る市民たち　ドイツ軍国主義の社会史』有斐閣、一九八三年。

W・コンツェ『ドイツ国民の歴史』木谷勤訳、創文社、一九七七年。

A・J・P・テイラー『第一次世界大戦』倉田稔訳、新評論、一九八〇年。

A・G・ライダー『ドイツ政治・外交史』I、高橋通敏訳、新有堂、一九八〇年。

A・メイア『ウィルソン対レーニン——新外交の政治的起源——』斉藤孝・木畑洋一訳、岩波書店、一九八三年。

H・U・ヴェーラー『ドイツ帝国　一八七一—一九一八年』大野英二・肥前栄一訳、未来社、一九八三年。

エーリッヒ・アイク『ワイマル共和国史』I、救仁郷繁訳、ぺりかん社、一九八三年。

Alan Palmer, *The Kaiser: Warlord of the Second Reich*, London, 1978.

早島瑛「ドイツの戦争目的政策における所謂ストックホルム交渉について」『西洋史学』一〇一、一九七六年。

山田義顕「ティルピッツ計画の諸問題」『西洋史学』一一三、一九七七年。

山田義顕「ドイツ艦隊協会の設立と展開—一八九七〜一九〇七年を中心に—」『歴史研究』（大阪

府立大）21、一九八一年。

藤井正博「東方への戦略転換と対ドイツ秘密宥和計画—第一次大戦後半の危機状況へのイギリスの対応—」『西洋史学』一一七、一九八〇年。

あとがき

本書は単なるカイザーの伝記ではなく、とりわけビスマルク失脚以後の対外政策に焦点を合わせ、ドイツ帝国を中心とした第一次大戦およびその前史の展開を跡づけている。この時代の研究はすでに内外ともに膨大な研究が積み重ねられており、本書はそれらの研究成果を総合し、「カイザー―ヴィルヘルム二世とその時代」を復元することをめざした。執筆に当たっては、内外の先学の数多くの研究を参考にしたが、しかし、叢書の性格上、その都度出典を明記することはしていない。参考文献のリストを作成することのみに留めた。

一九一八年の帝政崩壊後、ドイツはヴァイマル共和国時代、第三帝国時代、西ドイツと東ドイツへの分裂というように激変期をへ、その間に第二帝政の評価も変動したが、概していえば、帝政ドイツ、とくにビスマルク時代の内政外交については、ドイツ史の伝統からみて、一定の評価が保たれている。だが、ヴィルヘルム二世は、対外的には拙劣な個人プレーをくりかえした突飛な人物というイメージが根強く残っており、一般に、カイザーへの関心など稀薄《きはく》な今日のドイツでも、ドイツを誤ったコースへ導いた人物という定評が支配的のようである。もっとも、フィッシャー学派によって第二帝政からの連続性が強調されているおり柄、今日カイザー個人の問題としてでなく、内政統合の危機をめぐる支配層の政治指導についての論議が活発に交わされている。

ところで、ヴィルヘルム二世の伝記は今日つぎつぎ出版されているとは見受けられないが、「カイザーとその時代」ということになれば、第二帝政のドイツ史を語ることになり、その類いの研究書は数多く、つぎにその主要な文献を若干列挙しておきたい。

Wilhelm II, *Ereignisse und Gestalten aus den Jahre 1878—1918*, 1922.（ヴィルヘルム=ホーヘンツォルレルン手記『前独帝自叙伝』大阪毎日新聞社、一九二三年）。

——, *Aus meinem Leben 1859–1888*, 1927.

Eyck, E., *Das persönliche Regiment Wilhelms* II : *Politische Geschichte des deutschen Kaiserreiches 1890／1914*, Erlenbach-Zürich, 1948.

Conze, W., Die Zeit Wilhelm II, in : *Deutsche Geschichte im Überblick : Ein Handbuch*, Hrsg. von Peter Rassow, Stuttgart, 1953.

Helfritz, H., *Wilhelm* II *als Kaiser und König : Eine historische Studie*, 1954.

Görlitz, W.（Hrsg.）, *Regierte der Kaiser ? Kriegstagebücher : Aufzeichnungen und Briefe des*

Chefs des Marinekabinetts Admiral Georg Alexander von Müller, 1914–1918, Göttingen, 1959.

Schüssler, W., *Kaiser Wilhelm* II : *Schicksal und Schuld*, Göttingen, 1962.

林健太郎『ドイツ史論集』中央公論社、一九七六年。

尾鍋輝彦『カイゼルの髭』大世界史、19、文芸春秋版、一九六八年。

村瀬興雄『ドイツ現代史』東京大学出版会、一九五四年、第九版、一九七〇年。

三宅正樹『世界史におけるドイツと日本』南窓社、一九六七年、増訂版、一九七一年。

林健太郎編『ドイツ史』山川出版社、一九五六年、新版、一九七七年。

渡部昇一『ドイツ参謀本部』中公新書、一九七四年。

Brandenburg, E., *Von Bismarck zum Weltkrieg*, 1924（Unveränderter reprografischer Nachdruck der neuen, vermehrten Ausgabe Leipzig 1939）, Darmstadt, 1973.（ブランデンブルク『最近世界外交史』芦田均訳、上巻、一九三四年）。

Rosenberg, A., *Die Entstehung der Deutschen Republik, 1871–1918*, Berlin, 1928.（ローゼンベルク『ヴァイマル共和国成立史　一八七一—一九一八』足利末男訳、みすず書房、一九六九年）。

Wheeler-Bennett, J. W., *Hindenburg : The Wooden Titan*, London, 1936.（ウィーラー＝ベネット『ヒンデンブルクからヒトラーへ』木原健男訳、東邦出版社、一九七〇年）。

Born, K. E., *Staat und Sozialpolitik seit Bismarcks Sturz—ein Beitrag zur Geschichte der innenpolitischen Entwicklung des Deutschen Reiches 1890／1914*, Wiesbaden, 1957.（ボルン

『ビスマルク後の国家と社会政策』鎌田武治訳、法政大学出版局、一九七三年)。
筆者は、これまでにティルピッツの艦隊政策、日露戦争前後のドイツの対外政策、第一次大戦下のドイツの軍事と外交など、第二帝政のドイツの外交政策に関心をもっていたが、その断片的な知識だけではヴィルヘルム二世の全体像を描くのがいかに困難であるかを改めて知った。したがって、本書はこのテーマについての今後の研究のための出発点に過ぎず、現段階での筆者の考えのささやかなまとめである。

最後に、筆者に本テーマについて一応のまとめを作成する機会をあたえてくださったうえ、貴重な図書の借覧を許された中山治一先生(愛知学院大学文学部教授)のお導きに、心からの感謝の気持を表したい。なお、(付)「第一次世界大戦の研究史」は、すでに小著『国際関係史』と『西洋史』に発表した原稿を一部加筆修正して作成したものである。その転載を許された南窓社社長岸村正路氏のご好意、ならびに、数多くの資料の提供を快諾してくださった世界文化社のご厚情に対して、謝意を表すものである。さらに、出版に当たっては、大阪大学文学部の岡部健彦教授、ならびに明治大学政治経済学部の三宅正樹教授からも貴重な資料や助言の提供を受けたほか、清水書院編集部の徳永隆氏には格別のお世話になった。合わせて厚くお礼を申しあげる次第である。

(あとがきは一九七六(昭和五一)年のもので、所属・肩書きは当時のものをそのまま載せています。
——清水書院編集部)

カイザー（ヴィルヘルム二世）年譜

●算用数字は月・日を表す

西暦	年齢	年譜	参考事項
一八五九		1・27 ヴィルヘルム二世誕生（幼名フリードリヒ=ヴィルヘルム=ヴィクトル=アルベルト）。	
六六	7		普墺戦争。
六九	10	陸軍少尉に任官。	
七〇	11		普仏戦争勃発。
七一	12		1・18 ドイツ帝国成立。
七四	15	カッセルのギムナジウムに入学。	
七七	18	ボン大学に入学。	
七八	19		ベルリン会議。
八一	22	アウグスタ=ヴィクトリアと結婚。	三帝同盟。
八二	23	長子フリードリヒ=ヴィルヘルム誕生。	三国同盟。
八八	29	第一代皇帝ヴィルヘルム一世没（90歳）。 第二代皇帝フリードリヒ三世没（56歳）。 6・15 第三代皇帝として即位。	ドイツ帝国銀行、小アジアのアンゴラ鉄道敷設権をオスマン帝国政府から獲得。
八九	30	3・30 海軍省と海軍軍令部の創設。	大日本帝国憲法。
九〇	31	2・4 労働者保護立法に関する勅令を発布。	日本、第一回帝国議会召集。

		2・20 総選挙。 3・18 ビスマルク、帝国宰相を辞職。 3・22 ヴァイマル大公あてに「国家という船の当直勤務がまわってきた。航路はもとのとおり。全速力前進」と打電。 6・18 露独再保障条約失効。 7・1 ヘリゴランド・ザンジバル協定調印。 9・30 社会主義者鎮圧法失効。	
一八九一	32	大通商協定。	露仏政治協定。
九二	33		露仏軍事協定。
九三	34	小通商協定。	1月、露仏同盟。
九四	35	露独通商協定。 10・29 カプリヴィ、帝国宰相を辞職。	8月、日清戦争勃発。 11月、ニコライ二世即位。
九五	36	4・23 下関条約に対する三国干渉。 キール運河開通。	5・4 遼東還付。 12月、ジェームソン侵入事件。
九六	37	1・3 クリューガー電報事件。 1・18 「ドイツ帝国は世界帝国に発展した」と宣言。	
九七	38	4・24 「三叉戟をもつ海神ネプチューンの姿は、われわれが果たさなければならない新しい任務を象徴する」と強調。	

年	年齢	事項	一般事項
		6・16 ティルピッツ、海相に就任。 6・28 ビューロー、外相に就任。 11・4 ドイツ人カトリック宣教師、山東省で殺害される。	
一八九八	39	3・6 膠州湾租借条約調印。 3・28 第一次艦隊法可決。 9・23 ダンツィヒで「ドイツの将来は海上にあり」と演説。 10・18〜22 オスマン帝国皇帝を訪問、近東旅行。	中国分割激化。 4月、米西戦争。 9月、ファショダ事件。
九九	40	11・20〜28 ヴィクトリア女王を訪問、イギリス旅行。 11・27 ドイツ銀行財団、コニアよりバグダードからペルシア湾にいたる鉄道敷設権をオスマン帝国政府から獲得。	10月、南アフリカ（ブール）戦争勃発。
一九〇〇	41	6・12 第二次艦隊法可決。 6・20 ドイツ公使ケッテラー、北京で殺害される。 8・14 八か国連合軍、北京入城。 10・16 揚子江協定成立。	
〇一	42	3・15 ビューロー、帝国議会で、「揚子江協定は満州に適用されない」と演説。	1・22 ヴィクトリア女王没。 11月、ヘイ＝ポンスフォート条約。
〇二	43	12月、農業保護関税制定。	1・30 日英同盟。
〇四	45		2・10 日露戦争勃発。 4・8 英仏協商。

一九〇五	46	3・31 タンジールに上陸（第一次モロッコ事件）。 7・24 ビヨルケ密約調印。	9・5 ポーツマス条約。
〇六	47	4月、ホルシュタインの辞職。	1・16 アルヘシラス会議開催。
〇七	48		6・10 日仏協約。 7・30 日露協約。 8・31 英露協商。
〇八	49	10・28 デーリー・テレグラフ事件。	10・6 ボスニア・ヘルツェゴヴィナ併合。
〇九	50	2・9 フランスとのあいだにカサブランカの協定調印。 7・14 ビューロー、帝国宰相を辞任。	
一〇	51		5・6 エドワード七世没し、ジョージ五世即位。
一一	52	7・1 軍艦パンテール号をアガディールに派遣（第二次モロッコ事件）。	9月、伊土戦争。
一二	53	1月、総選挙、社会民主党第一党に躍進。 2・8 イギリス、陸相のホルデーンを使節としてベルリンに派遣。	3・30 フランス、モロッコを保護国に編入。 10月、第一次バルカン戦争。
一三	54	1月、参謀総長シュリーフェン没。 11・6 アルザスの地方新聞、ツァーベルン事件を報道。	6月、第二次バルカン戦争。
一四	55	7・5 駐独オーストリア大使を激励、「白紙委任状」をあたえる。 8・1 ロシアと開戦。	6・28 サライェヴォ事件。 7・28 オーストリア、セルビアと開戦。 7・30 ロシア、総動員令下令。

		8・3 フランスと開戦。 8・23 タンネンベルクの戦い始まる。 9・5 マルヌの戦い始まる。 9・9 帝国宰相ベートマン=ホルヴェーク、戦争目的綱領を作成。	8・4 イギリス、対独宣戦。 8・23 日本、対独宣戦。
一九一五	56	2・4 戦争領域に関する宣言。 5・7 ルシタニア号事件。	4・26 伊、ロンドン協定調印。 5・23 伊、オーストリアと開戦。 10・2 ブルガリアの参戦。
一六	57	5・31 ジャットランド沖海戦。 8・26 ヒンデンブルク参謀総長、ルーデンドルフ兵站総監に就任。 12・12 和平提議。	8・28 イタリア、ドイツと開戦。 12・18 アメリカ合衆国大統領ウィルソンの和平提議。
一七	58	1・9 プレス大本営で2・1よりの無制限潜水艦作戦開始を決定。 7・6 中央党議員エルツベルガー、帝国議会で演説。 7・13 ベートマン=ホルヴェーク、帝国宰相を辞職。	1・22 ウィルソン、「勝利なき平和」を提唱。 3・1 ツィンマーマン電報事件。 3・12 ニコライ二世退位。 4・6 アメリカ合衆国、ドイツと開戦。 11・7 ロシア、一〇月革命。
一八	59	3・3 ブレスト-リトフスク条約。 10・3 マックス公、帝国宰相に就任。 10・26 ルーデンドルフ辞任。	1・8 ウィルソン、「十四か条の平和原則」発表。 9・30 ブルガリア、休戦協定調印。 11・3 オーストリア、休戦協定調印。

		10・28 キール軍港の水兵、出航命令を拒否。 11・10 オランダへ亡命。 11・11 休戦条約に調印、第一次世界大戦終結。	
一九一九	60	6・28 ヴェルサイユ条約調印。	1月、パリ平和会議。
二〇	61	1・15 連合国、ヴィルヘルム二世の引き渡しを要求したが、オランダ政府は拒絶。	
二一	62	前皇后アウグスタ=ヴィクトリア没。	11月、ワシントン会議開催。
二二	63	11月、ロイス=グライス家のヘルミーネ=ロイス=ツー=グライツと再婚。 回想録『一八七八年から一九一八年にいたるあいだの出来事と状況』を刊行。	4月、ラパロ条約。
三三	74		1・30 ヒトラー政権成立。
三九	80		9・1 第二次世界大戦勃発。
四一	82	6・4 肺栓塞で死去。	6・22 独ソ開戦。

さくいん（一七四頁以下は除く）

【あ】

【い】

【う】

【え】

【お】

新《しん》・人《ひと》と歴史《れきし》　拡大版《かくだいばん》　31
ヴィルヘルム二世と第一次世界大戦《だいいちじせかいたいせん》

定価はカバーに表示

2018年11月10日　　初　版　第1刷発行

著　者　義井《よしい》　博《ひろし》
発行者　野村　久一郎
印刷所　法規書籍印刷株式会社
発行所　株式会社　**清水書院**
〒102−0072
東京都千代田区飯田橋3−11−6
電話　03−5213−7151㈹
FAX　03−5213−7160
http://www.shimizushoin.co.jp

カバー・本文基本デザイン／ペニーレイン　　編集協力／㈱エディット
乱丁・落丁本はお取り替えします。　ISBN978—4—389—44131—9